sie hörten auf den Herzschlag gottes

sie hörten auf den herzschlag gottes

inspirationen aus dem leben der irischen christen

steffi baltes

mit fotos von henri oetjen

FRANCKE

FÜR DAGMAR

... DANKE, DASS DU MICH INSPIRIERST, NEU AUF DEN

HERZSCHLAG GOTTES ZU HÖREN!

FÜR MEINE LIEBEN FREUNDINNEN IN DEUTSCHLAND UND ISRAEL

... DANKE, DASS IHR MIT MIR GEMEINSAM AUF DEM WEG IN

GOTTES FREIHEIT SEID!

steffi BALTES

Bibliografische Information Der Deutschen Bibliothek
Die Deutsche Bibliothek verzeichnet diese Publikation in der
Deutschen Nationalbibliografie; detaillierte bibliografische Daten
sind im Internet unter http://dnb.ddb.de abrufbar.

ISBN 3-86122-778-9
Alle Rechte vorbehalten
© Text 2005 by Verlag der Francke-Buchhandlung GmbH, 35037 Marburg
© Bilder 2005 by Henri Oetjen, DesignStudio Lemgo
Satz und Gestaltung: Henri Oetjen, DesignStudio Lemgo
Druck: Oldenbourg Buchmanufaktur GmbH

www.francke-buch.de

Über die Autorin:

Steffi Baltes, geb. 1968, ist Pfarrerin und hat sich dem Christus-Treff in Marburg angeschlossen. Im Rahmen ihrer Mitarbeit in dieser Gemeinschaft lebt sie mit ihrem Mann Guido zurzeit in Jerusalem. Sie ist fasziniert von der Geschichte der frühen Kirche und dem, was wir davon für christliches Leben heute lernen können.

Über den Fotografen:

Henri Oetjen, geb. 1958 in Bremen. Nach Abschluss des Studiums in Graphic-Design/Visuelle Kommunikation an der Hochschule für Gestaltende Kunst in Bremen arbeitete er in verschiedenen Bereichen des grafischen Gewerbes. Anfang der 90er Jahre folgte eine theologische Ausbildung. 1994 eröffnete er ein eigenes Designstudio, das mittlerweile für christliche Organisationen in aller Welt arbeitet. Es folgten verschiedene fotografische Auftragsarbeiten in Indien, Ägypten, Jordanien, Israel und Irland.

INHALTSVERZEICHNIS

Seite 4 . . . . Impressum

Seite 6 . . . . Die Autorin, der Fotograf

Seite 9 . . . . Inhaltsverzeichnis

Seite 11 . . . . Vorwort von Roland Werner

Seite 15 . . . . Kurze Einführung

Seite 17 . . . . Aufbruch zu neuen Ufern

Seite 21 . . . . Die Welt als Gottes Heiligtum

Seite 27 . . . . Die Liebe zum Kreuz

Seite 33 . . . . Die verändernde Nähe Gottes im Leid

Seite 39 . . . . Eroberer neuer Welten - äußerer und innerer

Seite 45 . . . . Boote brauchen das Wasser

Seite 51 . . . . Der Gott der drei Gesichter

Seite 57 . . . . Der Ruf der Wildgans

Seite 63 . . . . Licht an einem dunklen Ort

Seite 69 . . . . Frauen nach dem Herzen Gottes

Seite 75 . . . . Anamchara - Seelenfreund

Seite 83 . . . . Auf den Herzschlag Gottes hören

Seite 91 . . . . Gegründet im Ursprung

Seite 99 . . . . Ausgerichtet auf die Zukunft

Seite 107 . . . . Durch den Sturm

Seite 113 . . . . Das Leben als Opfer für Gott

Seite 121 . . . . Die Liebe zu Gottes Wort

Seite 129 . . . . Das Heilige und das Alltägliche

Seite 134 . . . . Register

sie hörten auf den herzschlag gottes
sie wagten den aufbruch zu neuen ufern
sie veränderten einen kontinent

sie erlebten wunder
sie trotzten gefahren
sie vertrauten auf gott

sie liebten das wort der bibel
sie opferten sich selbst
sie lebten in der liebe zu jesus

vorwort

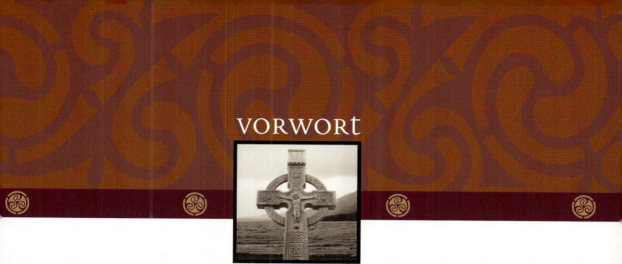

Dankbar bin ich für dieses Buch aus der Feder von Steffi Baltes. Denn es hat mein Herz erreicht. Lernen von den frühen Christen in Irland – das ist eine Herausforderung und Chance für uns heute.

Vieles hat sich verändert seit der Zeit der irischen Mönche. Vieles ist auch ähnlich. Damals wie heute ging und geht es darum, mitten im Alltag als Nachfolger von Jesus zu leben und die Welt in seinem Namen zu verändern.

Das taten sie mit allen ihnen zur Verfügung stehenden Mitteln. Angesichts von Feindschaft, Missverstandenwerden, Gefahren, Unsicherheiten und Verlust gingen sie ihren Weg unbeirrt. Denn ihr Leben war verankert in der Wirklichkeit des dreieinigen Gottes.

Steffi Baltes nimmt uns mit hinein in eine Welt, die vergangen und doch so lebendig ist. Sie eröffnet uns Blicke in die Lebensgeschichte von Männern und Frauen, die Geschichte machten. Sie zeigt uns neu die christlichen Wurzeln unserer europäischen Kultur.

Wir hören vom weißen Martyrium, von Seelenfreunden, von Mönchen, die jahrelang das Wort der Bibel abschrieben, von frühen Entdeckungen im Nordatlantik, von Beziehungen zum Orient, von Klostergründungen auf Inseln vor Schottland und am deutschen Rhein, von Frauen, die Verantwortung übernahmen, von Naturwundern und Bewahrung in gefährlichen Situationen, von irischer Tradition und ihrer Erfüllung im Namen des dreieinigen Gottes.

Doch das ist nicht alles. Die Bilder und erläuternden Texte, die dieses Buch wertvoll machen, werden unterstrichen durch Gebete und Meditationen. So werden wir in allen Bereichen angesprochen, unser Denken und Fühlen, unser Herz und Verstand. Dabei werden wir wirklich „inspiriert" im wahrsten Sinne des Wortes. Die Kluft zwischen Vergangenheit und Gegenwart wird überbrückt, und wir spüren den lebendigen Wind des Heiligen Geistes.

Auch wir stehen heute vor großen Herausforderungen. Christ zu sein ist nicht mehr selbstverständlich, sondern bedarf einer persönlichen Entscheidung. Dass dabei auch eine kleine Schar nicht auf verlorenem Posten steht, sondern die Kraft empfangen und entwickeln kann, Orte, Länder, Zeiten und Geschicke von ganzen Völkern zu verändern, sehen wir an den irischen Aposteln.

Der Herzschlag Gottes, den sie wahrnahmen, ist der ewige Herzschlag seiner Liebe, die jedem gilt.

Diese Liebe zu erfahren, sie zu leben und weiterzugeben, war die größte Inspiration für die Christen Irlands, die uns hier nahe gebracht werden.

Könnte es für uns heute etwas Größeres und Wichtigeres geben?

Roland Werner, *Pfingsten 2005*

Dieses Buch soll ein Buch zum Selberlesen oder Verschenken, zum Nachdenken und Beten sein. Es will dem Leser und Betrachter helfen, durch Bilder, Gebete, poetische und informative Texte in die Gegenwart Gottes zu kommen.

Die Gebete und poetischen Texte regen dazu an, mit Gott in ein lebendiges Gespräch einzutreten und dabei die eigenen Hoffnungen, Ängste, Wünsche und Ziele mit einzubeziehen.

Die informativen Texte geben einen Einblick in die frühe Welt der irischen Christen und in die christlich-keltische Spiritualität.

Aus der Geschichte des keltischen Christentums können wir für unser Leben im Alltag und in der Gemeinde lernen. Denn die Herausforderungen, denen sich die irischen Christen ab dem 5. Jahrhundert stellen mussten, sind ähnlich wie die, vor denen wir Christen, unsere Gemeinden, der weltweite Leib Christi heute, im 21. Jahrhundert, stehen.

Das Buch stellt einzelne Menschen aus der Geschichte der keltischen Kirche vor und beschreibt Ereignisse aus ihrem Leben. Darüber hinaus werden verschiedene Charakterzüge der keltischen Spiritualität aufgegriffen und mit uns und unserem Glauben heute in Verbindung gebracht.

„Was bedeutet das für mich? Kann ich aus dem Vorbild der irischen und keltischen Christen damals etwas für mich heute lernen? Was bedeutet das für uns als Gemeinde?" – Das sind die Fragen, die sich durch die Seiten dieses Buches ziehen.

Und ich hoffe, dass sich der Leser einige Anregungen und Inspirationen zum Nachdenken, Beten und Handeln mitnehmen kann.

Steffi Baltes

aufbruch zu neuen ufern

Vor vielen Jahrhunderten kletterten irische Mönche in ihre Boote und segelten ins Ungewisse hinein. Viele sahen ihre über alles geliebte Heimat Irland nie wieder. Was für sie zählte, war, Gott nahe zu sein. Es war nicht so, dass sie das nicht auch zu Hause gekonnt hätten. Aber sie wollten Gott etwas Besonderes schenken: Sie wollten ihm ihre Heimatverbundenheit opfern und ihm zeigen, dass sie frei waren, für ihn auch bis ans Ende der Welt zu gehen. „Weißes Martyrium" nannten sie das. Aber nicht nur sie schenkten Gott etwas, sondern Gott schenkte sich ihnen auf unerwartete Weise. Denn durch diese Mönche wurde das Christentum wieder nach England und auf den Kontinent zurückgebracht. Dort drohte der christliche Glaube und die christliche Kultur im Vergessen zu versinken, nachdem das Römische Reich zusammengebrochen war.

Diese Mönche, die in ihren weißen Wollroben ein kleines „Coracle" (ein Boot) bestiegen und übers weite Meer segelten, würde man heute wahrscheinlich als Verrückte bezeichnen. Und tatsächlich waren sie auch ver-rückt: ver-rückt aus der eigenen begrenzten Wahrnehmung ihrer Welt hinein in die Freiheit, sich mit ihrem Gott zusammen auf Abenteuer einzulassen.

Gott hat ihnen eine neue Perspektive gegeben und ihnen neue Welten gezeigt. Er hat sie zum Segen für viele Menschen gemacht, oft ohne dass die Mönche selbst das so geplant oder beabsichtigt hatten. Sie waren einfach offen dafür, sich mit Gott auf den Weg zu machen, innerlich und äußerlich. Und das hat Gott gebraucht und etwas ganz Großartiges daraus gemacht.

Herr, du weitest meinen Blick.
Wenn ich dich nur lasse,
dann hebst du mich auf einen Felsen,
von dem aus ich weit schauen kann.

Du gibst mir deine Perspektive
und zeigst mir neue, unbekannte Ufer
und einen weiten, klaren Horizont.
Wasser, blau und frisch,
erstreckt sich vor mir,
so weit mein Auge sieht.

Und ich beginne erst zu ahnen,
wie das Leben mit dir sein kann:
eine aufregende, abenteuerliche Reise
zu neuen, unbekannten Ufern,
immer weiter und weiter mit dir.

Doch ich habe Angst:
Angst, mich zu verlieren
in der Weite, die du schenkst;
Angst, nicht zu wissen, was mich erwartet
am neuen, unbekannten Ufer;
Angst, niemals dort anzukommen
über das unbekannte tiefe Meer.

Fast bleibe ich lieber bei dem, was mir vertraut ist,
als mich ganz in deine Hand zu geben
und nicht zu wissen, wohin der Wind deines Geistes
mich treiben wird.

Aber ich *möchte* gerne mit dir gehen
und erleben, wie du mein Lebensboot
sicher in eine neue Welt leitest:
eine Welt, in der ich erleben kann,
was ich vorher nur zu träumen wagte;
eine Welt, in der ich ganz neu wachsen kann,
weil Raum da ist, so viel Raum;
eine Welt, in der ich lerne,
den mir vertrauten Raum zu verlassen
und dich zu meiner Heimat zu machen.

Herr, ich nehme die Herausforderung an,
mich mit dir zusammen auf Neues einzulassen,
neue Ufer zu erreichen und neue Welten zu erkunden,
Segen zu empfangen und Segen weiterzugeben
an dem Ort, an den du mich führst.

Die Welt als Gottes Heiligtum

Die Menschen auf der grünen Insel Irland hatten von jeher eine besondere Beziehung zur Natur. Das war schon so, bevor das Christentum nach Irland kam: Die irischen Kelten verehrten z.B. Quellen, Wasser, Steine und Bäume. Für sie war die Natur belebt, nicht tote Materie. Allerdings glaubten sie, dass die Natur von vielen Gottheiten bewohnt sei. Der Missionsbischof Patrick versuchte, den irischen Kelten den Glauben an den einen Gott nahe zu bringen. Aber er bewahrte sich eine besondere Wertschätzung der Natur – nicht als Heimat unzähliger Götter, sondern als das eine große Heiligtum Gottes.

Die Natur ist schön, wertvoll und geheimnisvoll, weil sie die Schöpfung Gottes ist. Auch die Bibel kennt übrigens die Vorstellung, dass die Natur belebt ist. In vielen Psalmen ist beschrieben, wie die Natur ihren Schöpfer lobt: „Der Himmel freue sich, und die Erde sei fröhlich, das Meer brause und was darinnen ist; das Feld sei fröhlich und alles, was darauf ist; es sollen jauchzen alle Bäume im Walde vor dem Herrn; denn er kommt, denn er kommt, zu richten das Erdreich." (Psalm 96,11-13)

Als Kinder Gottes dürfen wir der Natur nahe sein, denn Gott hat sie gemacht, um uns zu erfreuen. Und wir haben von Gott selbst den Auftrag bekommen, die Natur zu achten und zu bewahren.

Gott gibt uns sogar Autorität über die Natur: Adam darf im Auftrag Gottes den Tieren Namen geben (1. Mose 2,19); Mose lässt auf Gottes Wort hin in der Wüste Wasser hervorquellen (2. Mose 17,6) und teilt in der Kraft Gottes das Meer (2. Mose 14, 21).  Offenbar wussten die Menschen in früheren Zeiten noch darum, dass die Natur nicht etwas Fremdes ist, vor dem man Angst haben muss, sondern etwas Vertrautes, über das Gott seinen Kindern sogar eine gewisse Macht verliehen hat.

Auch der heilige Patrick wusste das; deshalb hatte er auch keine Angst vor den Druiden, den heidnischen Priestern Irlands, die nach dem Glauben der Kelten die Natur beherrschen konnten. Patrick stand in der Tradition seiner großen Vorbilder im Glauben und vertraute darauf, dass Gott seinen Kindern, wenn es nötig war, Autorität selbst über die Elemente geben konnte.

In unserer hochtechnisierten modernen Welt haben wir uns von der Natur entfremdet und damit auch zum Teil von Gott selbst, der uns am Anfang die Schöpfung anvertraut hat. Von unseren biblischen Vorbildern im Glauben können wir in dieser Hinsicht vieles lernen; ebenso wie von den keltischen Christen, die uns im Glauben vorangegangen sind: Wir können lernen, die Natur als Schöpfung Gottes zu lieben, zu bewahren und uns in ihr zu Hause zu fühlen, weil sie auch Gottes Zuhause ist. Er hat etwas von sich selbst in seine Schöpfung hineingelegt. Und diese Schöpfung kann in uns große Dankbarkeit und Freude über Gott bewirken – bitten wir Gott darum, dass er uns Augen und ein Herz gibt, das zu erkennen.

„… Gottes unsichtbares Wesen, das ist seine ewige Kraft und Gottheit, wird seit der Schöpfung der Welt ersehen aus seinen Werken, wenn man sie wahrnimmt …" (Römer 1,20)

Die Welt ist dein Geschenk an uns:
wundervoll,
wild,
geheimnisvoll,
lebendig durch dich.

Die Schöpfung sehnt sich nach dir
und wir sehnen uns mit,
wollen wiederfinden,
was wir verloren haben –

den unschuldigen, selbstverständlichen Umgang
mit deiner Natur,
mit Pflanzen und Tieren,
Erde, Luft und Wasser,
die Einheit mit deiner Schöpfung,
so wie es am Anfang gedacht war,
so wie Adam und Eva es lebten
im Paradies:
die Natur nicht als Fremdes, Unheimliches,
ganz Anderes, Gefährliches,
sondern die Welt als Gottes Heiligtum,
Gottes Garten,
der uns viel
über den himmlischen Gärtner verrät.

Ich sehe die Schönheit deiner Welt:
grüne Wiesen, die die Augen erfrischen,
blauer Himmel, der die Seele fröhlich macht.

Ich rieche den Duft deiner Welt:
die Blätter des Waldes nach dem Regen,
die jungen Blüten im Frühling.

Ich fühle, wie deine Welt gemacht ist:
die raue Rinde des Baumes unter meiner Hand,
das taunasse Gras unter meinen Füßen.

Ich schmecke deine Welt:
den Tautropfen auf einem Blatt,
frisches Wasser aus einer Quelle.

Ich höre deine Welt:
Vogelstimmen, wenn der Morgen erwacht,
das Rauschen des Meeres in einer Muschelschale.

... und bei all dem sehne ich mich so nach dir,
weil mich das alles an dich erinnert
und daran, was ich verloren habe:
die unmittelbare Nähe zu dir
und deinem Heiligtum, der Welt.

Öffne mir die Augen
für deine Gegenwart
im sprudelnden Wasser der Quelle,
im Rufen der Vögel am Morgen,
im Glitzern des Tautropfens,
damit ich dich in all dem
erkennen und preisen kann.

DIE LIEBE ZUM KREUZ

Die irischen Christen haben eine große Liebe zum wichtigsten Symbol der Christen, dem Kreuz, entwickelt. An vielen Orten der grünen Insel stößt man auf das Kreuzsymbol: unübersehbar, aus Stein, oft mehrere Meter hoch – so sind sie weithin sichtbar, die irischen Hochkreuze. Viele sind liebevoll verziert mit Bibelszenen, die kunstvoll in den Stein gemeißelt sind. Auf diese Weise waren sie in früheren Jahrhunderten eine leicht zu lesende Bibel für alle, die nicht die Gelegenheit hatten, die christliche Botschaft zu hören oder zu verstehen – z.B. auch für die Wikinger bzw. „Nordmänner", die Irland seit dem 8. Jahrhundert zunehmend auf ihren Raubzügen heimsuchten.

Auch für mich ist das Kreuz das Symbol des christlichen Glaubens, das mir am liebsten und wertvollsten ist. Wenn ich es zum Beispiel als Schmuckstück verwende, in meiner Wohnung aufhänge oder in einer Kapelle bewundere, versuche ich mir immer wieder neu klar zu machen, was es wirklich bedeutet.

Einerseits ist es etwas Anstößiges, Grausames: Die Römer verwendeten das Kreuz als Folter- und Todesinstrument, das darauf angelegt war, ihren Feinden einen möglichst langsamen und qualvollen Tod zu bereiten. Mit dem Kreuz auf dem Rücken hat sich Jesus blutend und erschöpft durch die engen Gassen von Jerusalem geschleppt, vorbei an Hunderten von schaulustigen, schreienden oder traurigen und weinenden Menschen.

An das Kreuz wurden seine Handgelenke mit großen Eisennägeln geschlagen und befestigt. Mit dem Kreuz wurde Jesus aufgestellt in eine Vertiefung im Stein auf der Müllhalde Golgatha, vor den Toren Jerusalems. Das Kreuz wurde getränkt mit seinem Blut und seinem Schweiß. Am Kreuz erstickte er unter unsäglichen Schmerzen.

Andererseits ist das Kreuz für Christen zu einem Symbol des Lebens geworden, etwas Heilvolles: Das Kreuz ist wie eine Tür in ein neues Leben, in ein Leben in ungetrübter Gemeinschaft mit Gott. Das Kreuz heilt unsere Wunden und zahlt für unsere Schulden. Das Kreuz hilft uns, neu anzufangen mit Menschen und mit Gott. Das Kreuz verändert uns und durch uns andere.

Das Kreuz

spricht vom Leiden meines Herrn,

seinem Schmerz,

seiner Angst,

seiner Qual

und seinem Tod.

Das Kreuz

spricht von der Schwere meiner Schuld,

von der Tiefe meiner Trennung,

von der Heiligkeit Gottes

und meiner Dunkelheit.

Das Kreuz

spricht von der Last auf dem Herzen Gottes,

von der Last auf den Schultern meines Heilands,

von der Enttäuschung, die ich Gott bereite,

und dem Zorn meines Vaters

über sein Kind,

das sich so weit von ihm entfernt hat.

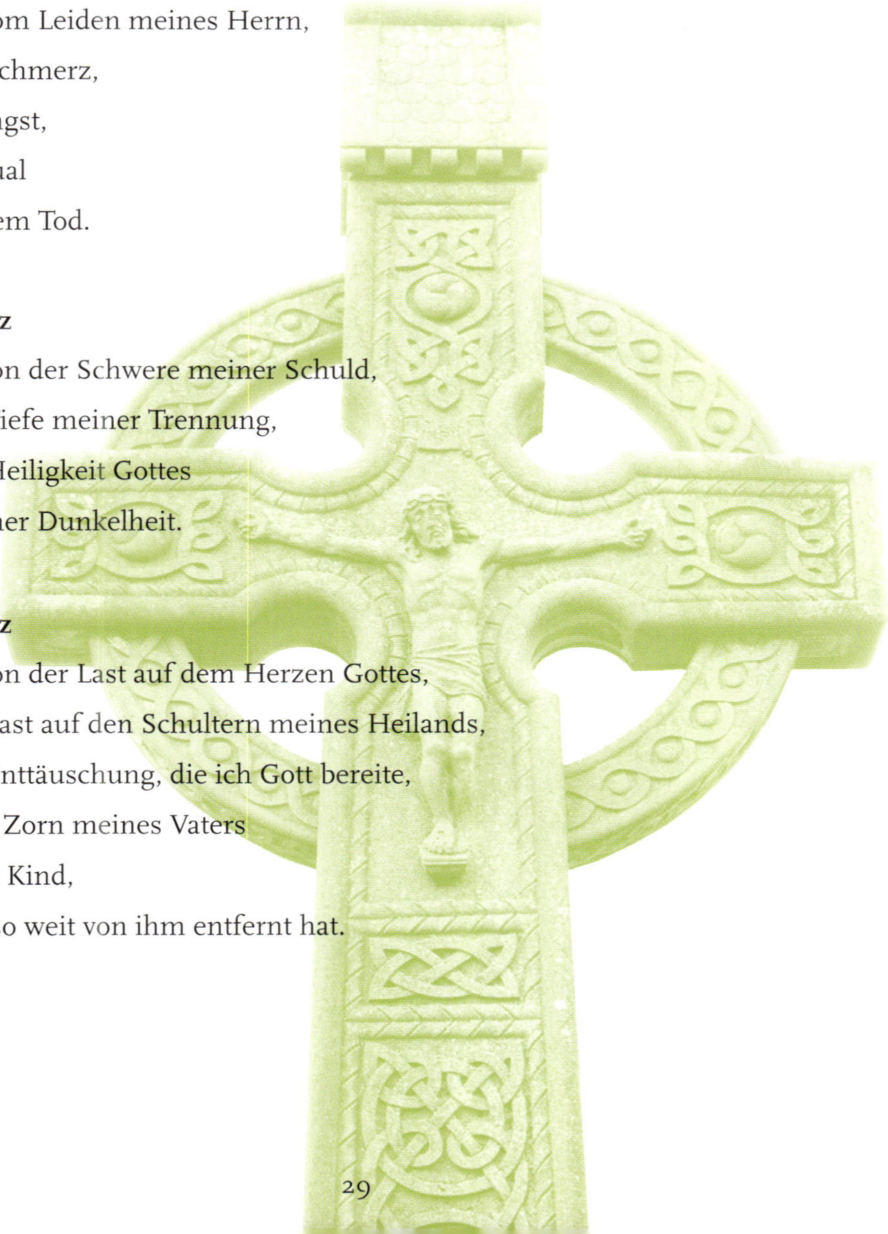

Das Kreuz

spricht vom Erbarmen Gottes,
von seiner nie endenden Liebe zu mir,
von seiner unerschöpflichen Geduld,
von seiner Königsherrschaft und tiefen Demut,
von seiner Herrlichkeit und Opferbereitschaft.

Das Kreuz

spricht vom Leiden eines jeden,
der in die Fußstapfen von Jesus tritt,
vom Leiden meiner Brüder und Schwestern
um mich herum
und in vielen Ländern der Erde,
und es spricht auch
von meinem eigenen Leiden.

Das Kreuz

spricht von einer neuen Chance,
einer Tür in ein neues Leben,
hier und jetzt,
einer Hoffnung für meine Zukunft,
die unermesslich groß ist,
der Möglichkeit, sich zu verändern
und auf Gott hin zu wachsen –
kreuzförmig.

Die verändernde Nähe Gottes im Leid

Der heilige Patrick wird bis heute in Irland als derjenige verehrt, der in den Iren den Glauben und die Liebe zu Gott entfacht hat. Im 5. Jahrhundert predigte er den irischen Viehbauern und Kriegern das Evangelium auf eine Art und Weise, dass sie es verstehen und aufnehmen konnten.

Doch der heilige, hochverehrte Missionsbischof Patrick hat ganz anders angefangen: Im Alter von 16 Jahren wurde Sukkat (wie Patricks keltischer Name war), ein keltischer Brite aus gutem und christlichem Elternhaus, von irischen Kriegern gefangen und nach Irland verschleppt. Dort wurde er der Sklave von Miliucc, einem der vielen hundert Kleinkönige auf der grünen Insel. In den einsamen Hügeln und Tälern seines Herrschaftsbereiches musste der junge Sukkat Schafe hüten. Sechs lange Jahre tat er das, ohne richtige Behausung, Wind und Wetter, Kälte und Hitze ausgeliefert. Die Schafe waren meist die einzigen Lebewesen, die ihm in seiner Einsamkeit Gesellschaft leisteten.

Sukkat war, obwohl aus christlichem Elternhaus, selbst kein überzeugter Christ gewesen. Doch in dieser schrecklichen Lage, fern von seiner Heimat, mitten in der Einsamkeit und im Leid, begann er zu beten. Gott war der Einzige, der ihm noch geblieben war, und auch, wenn Sukkat vielleicht wütend auf ihn war und nicht einmal sicher, ob es ihn überhaupt gab – er klammerte sich an den Gott seiner Eltern.

Viel später schreibt Patrick aus der Erinnerung an diese Zeit, dass dort die Geburtsstunde seines Glaubens war. Sein Glaube wuchs, sein Geist wurde erweckt, und der Geist Gottes wurde in ihm lebendig. In diesen langen Jahren der Gefangenschaft und des Leids wurde beim jungen Sukkat das Fundament gelegt, aus dem nach und nach Patrick wachsen sollte, der Missionar der Iren. Diese Zeit benutzte Gott, um den jungen Sukkat zu berufen und aus ihm einen bemerkenswerten, demütigen, mutigen und visionären jungen Mann zu machen, einen Mann nach dem Herzen Gottes.

Nach sechs Jahren schließlich gelingt Patrick die Flucht, nachdem Gott eines Nachts zu ihm gesprochen und ihm einen Ausweg eröffnet hat. Auf die Stimme Gottes hin wandert Patrick Richtung Meer und findet ein Schiff, das bereit ist, ihn als entflohenen Sklaven dennoch an Bord zu nehmen. Er entkommt der grünen Insel, die so lange sein Gefängnis war. Doch er ist ein anderer geworden. Gott hat ihm ein Herz für das irische Volk geschenkt.

Nach Jahren der Wanderschaft und der Vorbereitung kehrt er schließlich in sein mittlerweile geliebtes und ersehntes Irland zurück, um sich dort von Gott als Missionar unter den Kriegern und Viehbauern gebrauchen zu lassen. Seine Erfahrungen mit Gott, sein Glaube und Gehorsam verändern das Gesicht Irlands und schließlich das Gesicht Europas für immer. Von Irland reisen in den folgenden Jahrhunderten viele Mönche, die durch das Vorbild Patricks geprägt sind, zum Kontinent. Im Verlauf ihrer „peregrinatio", ihrer Pilgerschaft, werden viele Teile Europas für den christlichen Glauben neu oder zum ersten Mal gewonnen.

„Wenn ich nur dich habe, so frage ich nichts nach Himmel und Erde. Wenn mir gleich Leib und Seele verschmachtet, so bist du doch, Gott, allezeit meines Herzens Trost und mein Teil." (Psalm 73,25+26)

Herr, hilf mir,
dein Wirken in meinem Leben zu erkennen,
in der Einfachheit,
in der Verborgenheit,
da, wo niemand mich wahrnimmt als besonders und wertvoll,
da, wo ich tagein, tagaus Alltägliches tue.
Hilf mir, die verborgene Schönheit und den Wert
in allem zu erkennen, was ich mache,
und mag es für andere auch noch so unscheinbar sein.

Herr, hilf mir,
auch in einsamen und leidvollen Zeiten
nicht den Mut zu verlieren,
stärke meinen Glauben,
erwecke meinen Geist
für das Reden deines Geistes
in mir.

Lass mich sehen, wo du am Werk bist
in meiner Not
und schon Brücken baust
und Türen öffnest,
die zur Freiheit
und zu einem neuen Leben führen.

Hilf mir, darauf zu vertrauen,
dass du jede Lage meines Lebens
dazu benutzen kannst,
etwas Gutes zu bewirken
in mir und durch mich.
Du bist der Gott,
der mich sieht.
Du bist der Gott
der unbegrenzten Möglichkeiten.

eroberer neuer welten—
äußerer und innerer

Der heilige Columcille (auch Columba genannt) prägte, wie auch Patrick vor ihm, das Gesicht des keltischen Christentums ganz entscheidend. Er wurde 521 n.Chr. in Donegal in Irland geboren und kam aus königlichem Geschlecht. Obwohl er gute Aussichten hatte, selbst einmal den Thron des Hochkönigs von Irland zu besteigen, entschied er sich für ein Leben als Mönch. Er war ein Mann mit Visionen und großer Energie mit den Zügen eines Apostels, der immer neue Welten für Gott erforschen und gewinnen wollte. Im Alter von 25 Jahren hatte er bereits 27 Klöster auf irischem Boden gegründet. 563 n.Chr. verließ er Irland, das er so sehr liebte, mit zwölf treuen Freunden in einem „Coracle", einem schalenförmigen Boot aus Zweigen, die mit Leder bespannt waren. In diesem unsicheren Gefährt kamen sie immerhin bis an die Küste Schottlands, wo Columcille auf der Insel Iona eine neue Mönchsgemeinschaft gründete. Von Iona aus evangelisierten Columcille und seine Freunde nach und nach Nordengland und Schottland bis hin zu den Äußeren Hebriden.

Columcille liebte den Ozean und fürchtete sich nicht, bis zu entfernten Inseln zu segeln. Er hatte ein Herz für die Menschen in den wildesten, entlegensten Gebieten und setzte alles daran, sie zu suchen und ihnen die gute Botschaft zu bringen: die Botschaft von einem Gott, der sie liebt und sie zu sich ziehen will.

Columcille liebte Menschen, und er liebte die Natur. Er hatte eine besondere Nähe zu den Tieren des Waldes und sprach mit ihnen, ähnlich vielleicht wie später der heilige Franziskus.

Er muss ein Mann mit großer geistlicher Autorität gewesen sein, denn es wird berichtet, dass er im Namen und in der Kraft Gottes Wunder tun konnte. Viele aus den heidnischen Stämmen Schottlands wurden dadurch von der Realität und Macht Gottes überzeugt und bekehrten sich zu Christus. Einmal, so schreibt sein Biograf Adamnan (einer seiner Nachfolger als Abt von Iona), soll er sogar dem geheimnisvollen „Ungeheuer" von Loch Ness begegnet sein. Im Namen Gottes und durch das Zeichen des Kreuzes konnte er es davon abhalten, einem im Fluss Ness schwimmenden Mann Schaden zuzufügen.

Als Columcille 597 n.Chr. starb, hatte sich das Gesicht Nordenglands und Schottlands für immer verändert. Viele Menschen, die in Unfreiheit und Angst gelebt hatten, hatten die heilsame und befreiende Liebe Gottes kennen gelernt.

Aber Columcille eroberte nicht nur äußerlich neue Welten für Gott, indem er unbekanntes Territorium bereiste und die Herzen fremder Menschen für Jesus gewann. Und er kämpfte nicht nur mit dem ungestümen Wetter Schottlands oder gegen das „Ungeheuer" von Loch Ness. Columcille hatte auch viel mit sich selbst und den „Ungeheuern" in seinem Inneren zu kämpfen. Er war täglich herausgefordert, in seinem Inneren, seinem Charakter und seinem Herzen, neues Territorium für Gott zu gewinnen.

Er war ein Mann mit großen Talenten und Begabungen, er liebte Menschen, Tiere, Natur und war außerdem ein Künstler und Dichter – aber auch ein Mann mit zerstörerischen Leidenschaften. Obwohl sein Name Columcille „Taube" bedeutet, war er in seinen jungen Jahren nicht gerade sanftmütig. Er war starrköpfig, geriet leicht in Wut und verlangte seinen Mönchsgefährten oft Unmenschliches ab. Vielleicht war es seine größte Herausforderung und sein größter Kampf, die Ungeheuer in sich selbst zu erobern, zu zähmen und Gott neues Land in seiner Persönlichkeit urbar machen zu lassen.

Ein Mensch mit großen Begabungen und Fähigkeiten kann sehr gefährlich sein, wenn er nicht lernt, mit Gottes Hilfe seine dunklen Seiten zu disziplinieren und Raum zu geben, dass Jesus die eigene Zerbrochenheit heilen kann. Columcille hat das, sicher auch durch Höhen und Tiefen, Erfolge und Misserfolge hindurch, schließlich gelernt. Nur so konnte Gott ihn in der Weise segnen und zum Segen machen, wie er es getan hat.

In späteren Jahren wurde Columcille zunehmend barmherziger mit sich selbst und anderen, und er erlebte große Freude und Zufriedenheit in seinem Herzen, den Frieden Gottes und die Freude durch den Heiligen Geist. Columcille hat in seinem Leben lange Wegstrecken hinter sich gebracht und viele Reisen gemacht, doch die längste war wohl die Reise in seinem inneren Menschen hin zu mehr Frieden und Ruhe und Heilsein in Gott.

Ich möchte ein Eroberer sein,
mit Gott auf Reisen gehen,
neue Welten entdecken,
neue Horizonte erkunden,
die Schönheit seiner Welt umarmen
in Menschen, in der Natur
und allen ihren Geschöpfen.

Ich möchte zulassen,
dass Gott das Bild verändert,
das ich mir gemacht habe
von meiner Umgebung,
und mir seinen Blick schenkt
und seine Liebe, seine Sanftmut, sein Erbarmen
für die Welt um mich herum,
für meine Mitmenschen und Mitgeschöpfe.

Ich bin bereit,
dass Gottes Geist meinen Geist berührt,
meinen engen inneren Horizont weitet,
meine Furcht davor besiegt,
alte Bahnen und alte Gewohnheiten zu verlas
die mir vertraut sind und mich doch einenge
die mich daran hindern,
der Mensch zu werden, den Gott in mir sieht

Ich bin bereit,
mit Gott auch auf die Reise
in mein Inneres zu gehen,
mit ihm die Unwetter
und die „Ungeheuer" anzuschauen,
die ein Teil von mir sind,
meinem Charakter und meiner Persönlichkeit.
An Gottes Seite kann ich mich ihnen stellen
und lernen, sie zu zähmen.
Durch die heilende Hand von Jesus
kann meine Zerbrochenheit heilen,
können die zerstörerischen Leidenschaften
in mir zur Ruhe kommen
wie das stürmische Galiläische Meer
an dem Tag, als Jesus es bezähmte.

Ich bin froh und zuversichtlich,
abenteuerlustig und erwartungsvoll,
denn mit Gottes Hilfe werde ich
ein Eroberer sein,
die Menschen um mich herum segnen
und sie mit Liebe und Sanftmut
für Gottes Reich gewinnen können.
Mit Gottes Hilfe werde ich ein Eroberer sein
und neues Territorium erschließen,
in meiner Persönlichkeit und meinem Charakter
wachsen und reifen können,
damit ich Frieden und Freude kennen kann,
so wie Gott es für mich vorgesehen hat,
und zur Ehre Christi und
für den Bau seines Reiches.

BOOTE BRAUCHEN DAS WASSER

Von dem irischen Mönch Brendan, genannt „Brendan der Navigator" (geboren um 484 n.Chr.), wird berichtet, dass er in einem einfachen Boot nach Island, Grönland und sogar schließlich bis nach Nordamerika segelte, lange bevor Kolumbus die neue Welt erkundete. Bei seiner Reise war er auf den Wind und die Meeresströmungen angewiesen, die ihn weiter und weiter trugen. Ohne diese Elemente und allein aus eigener Kraft hätte er die neue Welt nie erreicht.

Ohne Gottes Geist, der unser Lebensboot vorantreibt, und sein lebendiges Wasser, das uns umgibt, werden wir nie neue Welten erreichen. Nur aus eigener Kraft kommen wir nicht weit und ganz sicher nicht an den Ort, an dem Gott uns haben will.

Andere Mönche, die sich, durch das Vorbild von Leuten wie Brendan und Columcille angeregt, auf den Weg nach Europa machten, segelten in Booten ohne Ruder, um sich ganz Gott und seiner Führung zu überlassen.

Auch wenn uns das heute vielleicht als extrem oder übertrieben erscheint, steckt in diesem Handeln doch eine tiefe geistliche Wahrheit: Der Steuermann meines Lebens, der meinem Lebensboot eine Richtung gibt, soll Gott sein.

Nicht ich allein bestimme den Kurs, den mein Leben nimmt, und rudere bis zur Erschöpfung, nur um irgendwann festzustellen, dass ich gar nicht weit gekommen bin, sondern Gott soll mich leiten und mich in die Bewegung und Strömung seines Geistes mit hineinnehmen, der mir hilft, das Ziel zu erreichen.

Ein Boot auf dem Trockenen –
trostlos sieht es aus,
verloren,
reparaturbedürftig,
im Wartezustand.

Ein Boot muss Wasser schmecken,
muss Wasser fühlen,
von Wasser umgeben sein,
dann ist es in seinem Element.

GOTT SOLL MICH LEITEN UND MICH IN DIE BEWEGUNG UND STRÖMUNG SEINES GEISTES MIT HINEINNEHMEN, DER MIR HILft, DAS ZIEL ZU ERREICHEN.

Denn für das Wasser
wurde es gebaut,
das Schwimmen ist seine Bestimmung
und Ladung aufzunehmen,
um sie von einem Ort
zum anderen zu bringen.

Unser Leben braucht den Heiligen Geist
wie das Boot das Wasser,
sonst sitzen wir auf dem Trockenen –
trostlos, verloren,
im Wartezustand.

Für ein Leben im und durch den Heiligen Geist sind wir geschaffen.
Das ist unsere Bestimmung.

Unser Lebensboot braucht das Wasser,
das Wasser des Heiligen Geistes.
Nur dann ist es in seinem Element.
Ich möchte es wagen,
mein Lebensboot zu Wasser zu lassen,
mich der Führung des Heiligen Geistes zu überlassen,
der der Steuermann meines Lebens sein soll,
mich in das Wasser hineinzugeben,
das mich umgibt,
von dem ich mich treiben lasse
aus dem sicheren Hafen
in unbekannte Gewässer.

Ich möchte mich öffnen für Gottes Geist
und eintauchen in sein Leben spendendes Wasser
und keine Angst haben,
die Ruder meines Lebensbootes abzugeben
an einen anderen Steuermann als mich selbst,
an den, der mich besser kennt als irgendwer,
weil er mein Lebensboot gebaut hat
und weiß, wann die Zeit gekommen ist,
aus dem Trockendock heraus
in offenes Wasser zu schwimmen.

Er, mein Baumeister, repariert mein Lebensboot,
damit ich Lasten und Ladung aufnehmen
und sie an den Ort ihrer Bestimmung bringen kann:
andere Menschen, die ich an meinem Leben Anteil haben lasse,
die ich ein Stück begleite auf ihrem Weg zu Gott,
mit denen ich mich freue und mit denen ich mitleide;
oder Aufgaben, für die ich mich einsetze mit dem Ziel,
dass das Reich Gottes in unserer Welt greifbarer wird.

Mein Lebensboot erfüllt nur dann seine Bestimmung,
wenn ich es wage, mich Gottes lebendigem,
souveränem, unberechenbarem und wildem
Wasser des Heiligen Geistes zu überlassen,
das aber auch sanft und erfrischend meinen Bug umschmeichelt
und mich und meine Ladung beinahe mühelos
an neue Ufer bringt.

*Als aber erschien die Freundlichkeit
und Menschenliebe Gottes,
unseres Heilandes, machte er uns selig (…)
durch das Bad der Wiedergeburt
und Erneuerung im Heiligen Geist.
(Titus 3,4-5)*

Und der Geist und die Braut sprechen: komm!

und wer es hört, der spreche: komm!

und wen dürstet, der komme;

und wer da will,

der nehme das Wasser des Lebens umsonst.

(Offenbarung 22,17)

wie soll ich dich erfassen?

der Gott der
drei Gesichter

Bevor das Christentum die grüne Insel erreichte, kannten die Kelten Irlands viele Götter. Und wie ihre keltischen Verwandten auf dem Festland verehrten sie zuweilen auch Götter oder Göttinnen, die gleich dreimal in Erscheinung traten. Auf manchen vorchristlichen Steinreliefs finden sich solche Darstellungen von drei Gestalten, die ganz ähnliche Züge haben – drei und doch eins. An diese vorchristlichen Bilder knüpften Menschen wie der heilige Patrick an, um den Iren den christlichen Glauben nahe zu bringen und verständlich zu machen.

Ich glaube, dass etwas von Gottes Wahrheit und seinem wirklichen Wesen auch in den vorchristlichen Glaubensvorstellungen der Iren verborgen war – doch es brauchte jemanden, um die Anknüpfungspunkte zu finden und für die Menschen Irlands sichtbar zu machen.

Gott ist größer als unser Herz und unser Verstand und kann auch da schon am Werk sein, wo wir es noch gar nicht vermuten. Sein Geist weht, wo er will, und bereitet Menschen darauf vor, die gute Botschaft von Gottes Wesen und Wirken zu erkennen. Doch dazu brauchte es Leute wie Patrick und andere Gottesmänner und -frauen der keltischen Kirche.

Sie beharrten nicht starr auf einer bestimmten äußeren Form des Glaubens oder der Einhaltung der richtigen Riten. Ihnen ging es darum, den irischen Menschen eine Brücke zu bauen – von ihren alten Glaubensvorstellungen hin zu dem Gott, der ebenfalls drei Gesichter hat, der jedoch unvergleichlich, einmalig und anders als alles ist, was sie aus ihren alten Göttervorstellungen kannten:

Gott, der liebende Vater – heilig, mächtig und groß ... so groß, dass er es sich leisten kann, ganz klein und demütig zu werden;

Gott, der Sohn – der von den Menschen keine Opfer will, sondern sich selbst hingibt mit allem, was er hat ... für seine geliebten Kinder;

Gott, der Heilige Geist – der die Brücke schlägt zu uns Menschen ... indem er unseren Geist lebendig und empfänglich macht für die Stimme des dreieinigen Gottes.

Das Geheimnis der Dreieinigkeit und Dreifaltigkeit Gottes entzieht sich unserem Verstand. Wir werden es nie ganz ergründen können, bis wir eines Tages vor Gottes Thron stehen. Und dann, in seiner unmittelbaren Gegenwart, werden alle Fragen aufgelöst. Bis dahin schenkt uns Gott aber, dass wir ihn erfahren und erleben können: Wir dürfen etwas von seinem Charakter begreifen, wenn wir in das Gesicht seines Sohnes Jesus schauen. Wir dürfen die Erfahrung machen, dass der Heilige Geist unseren Geist und unsere Persönlichkeit durchdringt und uns mit Gott verbindet.

Gott, dein Wesen übersteigt meinen Verstand bei weitem.
Wie soll ich dich erfassen – den Vater, den Sohn und den Heiligen Geist?
Ich kann es nicht.
Du sprengst meine Vorstellungskraft.
Du bist immer wieder größer
und immer wieder anders
als mein Bild von dir.

Aber ich habe dich erfahren
als den Vater, der mich liebt,
mehr und vollkommener,
als jeder irdische Vater es könnte;
der mir ein Zuhause gibt,
in dem ich geborgen sein kann;
der mir Wurzeln gibt,
sodass ich fest gegründet bin,
aber auch Flügel,
damit ich flügge werde
und fliegen lerne.

Ich habe dich kennen gelernt
als den Sohn Jesus,
meinen Herrn und König,
meinen Freund und Bruder,
der alles für mich gegeben hat,
damit mich kein Tod mehr halten kann.
Seine Demut beschämt mich
jeden Tag aufs Neue,
und von ihm will ich lernen,
barmherzig mit mir selbst
und anderen zu sein.
Sein Königtum und seine Kraft
geben mir Hoffnung und Mut
für jeden Tag.

Ich habe dich erlebt
als den Heiligen Geist,
der in mir lebendig ist,
mich ruft und lockt,
damit ich mich immer wieder
nach dir ausstrecke;
der nicht müde wird,
an mir zu formen und zu arbeiten,
damit ich dir ähnlicher werde;
der meinen Geist und mein Herz
empfänglich macht für deine Stimme.

Die Gnade unseres Herrn Jesus Christus

und die Liebe Gottes und

die Gemeinschaft des Heiligen Geistes

sei mit euch allen!

(2. Korinther 13,13)

Der Ruf der Wildgans

Die keltischen Christen in Irland kannten außer der Taube noch ein anderes Tier, das sie bevorzugt als Symbol für den Heiligen Geist verwendeten und das sich in der religiösen Kunst der damaligen Zeit widerspiegelt: die Wildgans.

Wildgänse sind nicht zahm wie ihre Verwandten, die Hausgänse. Sie sind frei. Auf ihrer Wanderschaft in der Luft legen sie weite Strecken zurück und können höher fliegen als viele andere Vögel. Eine Wildgans-Art überquert sogar den Himalaya in einer Höhe, in der es kaum noch ausreichend Sauerstoff gibt.

Den keltischen Christen gefiel die Wildgans als Symbol für den Heiligen Geist deshalb so gut, weil dadurch bestimmte Charakterzüge des Heiligen Geistes hervorgehoben wurden: Er ist frei und unabhängig, er ist nicht bezähmbar. Wenn wir uns für den Heiligen Geist öffnen, dann ist das ein Wagnis, denn wir geben uns in Gottes Hand und überlassen uns seiner Führung. Dann werden wir nicht immer wissen, wo uns unser Weg mit Gott hinführt, denn wir selbst haben die Kontrolle über unser Leben an jemanden abgegeben, der größer ist und weiter blickt als wir. Der Heilige Geist weckt in uns die Sehnsucht, uns immer wieder nach Gott auszustrecken. Er fordert uns heraus, gemeinsam mit ihm neue Horizonte zu erkunden und unsere „comfort zone" zu verlassen.

Er ruft uns aus dem Kreisen um uns selbst heraus, damit wir auf Gott hin wachsen können und offen sind für Neues: Menschen, Aufgaben, Dienste, Orte. Der Geist Gottes macht uns frei von uns selbst und hilft uns, „Höhenluft" zu atmen und die Dinge aus Gottes Perspektive zu sehen.

Gottes Geist –
sanft und liebevoll
erfüllt er mein Herz,
streichelt meine Seele,
flüstert zu meinem Geist,
dass ich Gottes geliebtes Kind bin,
wertgeachtet, berufen, erwählt –
wie damals am Fluss Jordan,
als er wie eine Taube
sich mit meinem Herrn vereinte
und ihn mit der übergroßen Liebe
seines Vaters erfüllte.

Gottes Geist –
wild und unberechenbar,
frei und unbezähmbar,
herausfordernd und stark –
wie ein Zug Wildgänse,
die unüberhörbar hoch über mir hinwegfliegen,
frei, frei,
und mit ihrem Ruf
in mir eine tiefe Sehnsucht wecken;
die lange Wege zurücklegen,
unaufhaltsam, entschlossen,
mit klarem Ziel und einer Richtung,
die ihr innerer Kompass ihnen zeigt.

Auch so ist Gottes Geist –
aufrüttelnd und ganz anders
als unsere Erwartungen –
wie damals an Pfingsten, in Jerusalem,
als der Heilige Geist so unerwartet und fremd,
so gewaltig und stürmisch
die Freunde von Jesus erfüllte
und viele sich wunderten und erschraken.
Doch die Freunde
hörten den herausfordernden Ruf
des Heiligen Geistes,
der ihnen wie ein innerer Kompass
Vision und Richtung für ihr Leben gab,
der sie frei machte und ihnen half,
unerschrocken in alle Welt zu ziehen
und Zeugen zu sein

„in ganz Judäa und Samarien und bis an das Ende der Erde"
(Apostelgeschichte 1,8).

*„Der Herr ist der Geist; wo aber
der Geist des Herrn ist, da ist Freiheit."*
(2. Korinther 3,17)

Licht an einem dunklen Ort

An einem Abend um das Jahr 433 n.Chr. kam der heilige Patrick in die Nähe von Tara, dem Sitz des irischen Hochkönigs Loigaire. Es war der Beginn des heidnischen Frühlingsfestes. Kein Feuer durfte brennen, bis der Hochkönig mit eigener Hand das heilige Feuer entzündet hatte, das das Ende der winterlichen Dunkelheit und die Wiederkehr des Lichtes symbolisierte. Aber da es für Patrick auch der Beginn des christlichen Osterfestes war, entzündete er zu Ehren der Auferstehung Christi ein Osterfeuer. Der Hügel Slane, auf dem sich Patrick befand, lag dem Hügel von Tara gegenüber, und so konnten die Menschen in der Umgebung des Hochkönigs das Feuer sehen. Sie erstarrten. Wie konnte jemand es wagen, die Götter und den Hochkönig zu erzürnen?

Patrick wurde vor den Hochkönig gebracht und verhört. Er sprach mutig über seinen Glauben. Als Folge davon – so wird es erzählt – nahmen viele den christlichen Glauben an, darunter auch die Töchter des Königs und der oberste Druide. Dieser Tag versetzte der Kraft der heidnischen Götter Irlands einen entscheidenden Schlag. Hochkönig Loigaire tolerierte von da an die Missionstätigkeit von Patrick und unterstützte sie mitunter sogar, obwohl er sich selbst nie taufen ließ.

Das Licht Christi scheint heller in der Dunkelheit als jedes andere Licht. Und selbst wenn es zunächst nur klein ist, so wie die Osterkerze oder das Osterfeuer von Patrick auf dem Hügel von Slane, so trägt es doch eine gewaltige Kraft in sich – die Kraft der Auferstehung. Dieses Licht lässt sich nicht aufhalten. Es muss scheinen und wird schließlich die Dunkelheit erhellen – damals wie heute.

Denn auch heute, nicht nur zu Patricks Zeit, erleben wir wieder viel Dunkelheit – in unseren persönlichen Lebensgeschichten, aber auch in der Welt. Die Götter unserer modernen Welt mögen heute andere Namen haben, aber sie haben dieselbe zerstörerische Kraft wie damals. Die gute Nachricht dabei ist: Die Auferstehungskraft Christi ist noch viel stärker und ist ungebrochen für uns da. Doch wir brauchen Menschen, die bereit sind, ihr Licht an einem dunklen Ort scheinen zu lassen und es nicht zu verstecken.

Herr,
hilf mir,
Licht zu sein,
Licht in der Dunkelheit
meiner Welt.

Manchmal
habe ich Angst
und frage mich:
Was nützt schon
mein kleines Licht
in dieser großen Dunkelheit?

Kann ich die Welt verändern?
Kann ich meine Welt erhellen?
Nein. Ich kann nicht.
Aber du kannst das.
In mir. Durch mich.

Du, Jesus, gibst mir selbst den Auftrag,
ein Licht zu sein
an dem Ort, an dem ich lebe,
an dem Ort, an den du mich sendest.
Und du wirst mir alles geben,
was ich zum Leuchten brauche.
Denn du selbst
bist mein Licht
und meine Sonne,
der helle Morgenstern,
das Licht der Welt.
Und dieses Licht –
wie könnte es verborgen bleiben,
auch wenn die Dunkelheit noch so groß erscheint?
Dieses Licht wird einen Unterschied machen.

„Mache dich auf, werde licht; denn dein Licht kommt, und die Herrlichkeit des Herrn geht auf über dir! Denn siehe, Finsternis bedeckt das Erdreich und Dunkel die Völker; aber über dir geht auf der Herr, und seine Herrlichkeit erscheint über dir." (Jesaja 60,1-2)

„So lasst euer Licht leuchten vor den Leuten, damit sie eure guten Werke sehen und euren Vater im Himmel preisen." (Matthäus 5,16)

Frauen nach dem Herzen Gottes

Die keltische Kirche Irlands kannte viele Frauen, die im Dienst für Gott standen und später als Heilige verehrt wurden. Sie wurden in den christlich-keltischen Gemeinschaften in Ehren gehalten und konnten wie die Männer auch ihre Gaben zum Bau des Reiches Gottes einsetzen. Leider kennen wir nur noch wenige der Namen und Geschichten dieser oft mutigen und außergewöhnlichen Frauen.

Eine von ihnen war Brigid von Kildare (geb. 451/452 n.Chr.). Ihre Mutter war eine christliche Sklavin. Ihr Vater war ein irisches Stammesoberhaupt, dem die Mutter gehörte und der sie kurz nach der Geburt von Brigid an einen Druiden weiterverkaufte. Brigid wuchs im Haus ihres Vaters auf. Trotz der traumatischen Familienverhältnisse entwickelte sich Brigid zu einer jungen Frau voller Mitgefühl, Erbarmen und Großzügigkeit anderen gegenüber. Gott war mit ihr. Schließlich rief Brigid eine klösterliche Gemeinschaft in Kildare ins Leben, bestehend aus Frauen und Männern. Einer der Traditionen zufolge, die sich mit dem Leben von Brigid beschäftigen, wurde sie sogar zur Bischöfin geweiht.

Eine andere der vielen Frauengestalten der keltischen irischen Kirche war Ita (geb. 470 n.Chr.). Sie kam im Gegensatz zu Brigid aus einer einflussreichen irischen Familie.

Ihr eigentlicher Name war wohl Deirdre, doch wurde sie unter ihrem Spitznamen „Ita" bekannt, der sich aus dem irischen Wort für „Durst" herleitet. Ita war eine Frau, die einen unstillbaren Durst nach Gott hatte. Und sie hatte den großen Wunsch, Nonne zu werden, um Gott ganz dienen zu können. Ihre Eltern, besonders ihr Vater, verweigerten ihr die Erlaubnis. So begann Ita zu beten und zu fasten. Es wird erzählt, dass Gott nach einigen Tagen ihre Gebete erhörte und ihren Vater umstimmte. Das Fasten und Beten wurde zu einer der besonderen Leidenschaften und Begabungen Itas. Darüber hinaus wurde sie zu einer geistlichen Mutter und Mentorin für irische Kinder, die in ihre Obhut gegeben wurden, um sie im christlichen Glauben zu unterweisen. Viele von ihnen wurden zu bedeutenden geistlichen Persönlichkeiten. Einer von denen, die durch Ita geistliche Reife und Einsicht lernten, war Brendan der Navigator, ein begeisterter Abenteurer und Evangelist.

Gott gebraucht Männer und Frauen, um seine Kirche zu bauen und Menschen zu sich zu ziehen. Das zeigt sich in der frühen Geschichte der irischen Christen und ist heute immer noch so relevant wie damals. Nur gemeinsam spiegeln wir das Ebenbild Gottes wider, und nur gemeinsam kommt das volle Gabenspektrum, das Gott in Frauen und Männer hineingelegt hat, zur Geltung.

Das positive Vorbild dieser starken, sanften, demütigen und energischen Frauen aus der Kirchengeschichte Irlands ermutigt mich. Gott sucht Frauen, die ihr Leben für ihn öffnen und sich mutig von ihm leiten lassen, die die Gaben entdecken, die Gott in sie hineingelegt hat, und sie einsetzen lernen. Es sind Frauen nach dem Herzen Gottes.

Herr,
du bist wundervoll.
Du hast so viel Schönheit in uns hineingelegt,
in Frauen und Männer gleichermaßen.

>Ich danke dir
für das Vorbild
von Frauen damals wie heute,
die hungrig und durstig nach dir sind,
die sich ausstrecken nach dir
und in deinem Licht zu tanzen beginnen,
beschwingt durch die Gaben deines Geistes.
Und überall,
wo ihr Tanz sie hinführt,
wird es ein wenig heller,
entdecken Menschen
ihre tiefe Sehnsucht nach dir
und kommen in dein Licht,
um von dir zu lernen,
wer sie wirklich sind.

Herr,
beflügele du meine Schritte
und meine Erwartungen an dich.
Mach meinen Horizont weit,
dass ich weiß:
Mit dir ist nichts unmöglich.
Lehre mich tanzen
in der Fülle und Kraft deiner Gaben.

Lehre mich Mut und Vertrauen
darauf, dass du für mich alles
zum Besten wenden kannst,
dass die Zukunft offen steht
und voller Möglichkeiten ist.
Du ehrst mich
und willst mich gebrauchen
– als Partner an deiner Seite,
um andere zu segnen
und dein Reich zu fördern.

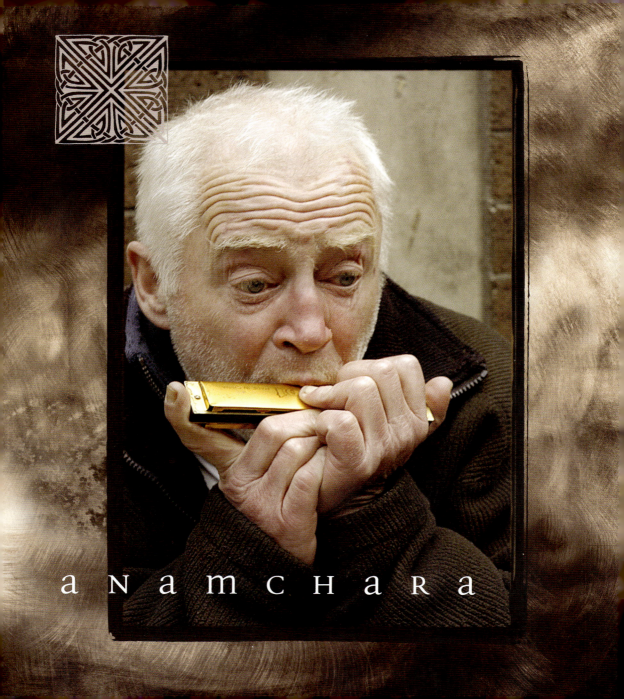

anamchara— seelenfreund

Die Idee eines „Anamchara" oder „Seelenfreundes" stammt wahrscheinlich schon aus der vorchristlichen keltischen Zeit, wurde jedoch von den keltischen Christen aufgenommen und mit neuen Inhalten gefüllt. So wurden die Mitglieder einer christlichen bzw. klösterlichen Gemeinschaft ermutigt, sich einen Freund und Vertrauten zu suchen, der sie auf ihrem geistlichen Weg begleitete und leitete. Mit seinem Anamchara, dem Seelenfreund, konnte man besprechen, was einem schwer fiel und worunter man litt, nach neuen Perspektiven suchen und Schritte zu größerer geistlicher Reife entwickeln. Vor dem Anamchara konnte man seine Schuld bekennen und erneute Hingabe an Gott bezeugen. Mit dem Anamchara zusammen konnte man beten und gemeinsam auf dem Weg zu Gott sein.

Als Seelenfreunde wählte man Männer oder Frauen mit großer geistlicher Reife und Erfahrung. Sie mussten bereit sein, andere an dieser Erfahrung aus der engen Gemeinschaft mit Gott Anteil haben zu lassen und sie auf ihrem eigenen Weg mit Gott anzuleiten.

Als Christen heute sind wir es gewohnt, unsere Entscheidungen ganz individuell zu treffen, auch wenn sie weitreichende Folgen für unseren Weg mit Gott, unsere Freunde und unsere Gemeinde haben. Individualismus wird in westlichen christlichen Gemeinden groß geschrieben. Wir wollen unsere Entscheidungen allein mit uns (und manchmal sagen wir: „allein mit Gott") ausmachen, und niemand darf uns da hineinreden.

Ich glaube, hier können wir neu von unseren keltischen Brüdern und Schwestern im Herrn lernen, die lange vor uns auf dem Weg mit Gott gegangen sind. Sie wussten, dass man allein als Christ verloren ist und nicht überleben kann, auch wenn man sich vormacht, man bräuchte niemanden als sich selbst und Gott allein.

In der Bibel finden wir kein individualistisches Konzept vom Leben mit Gott. Gemeinschaft mit Gott zu haben heißt auch, Gemeinschaft mit anderen zu haben, die ebenfalls an Gott glauben. Als Christ bin ich in die große und bunte Gemeinschaft aller hineingestellt, die Vater, Sohn und Heiligen Geist lieb haben und ehren. Auch wenn sie noch so anders sind als ich. Auch wenn sie mir nicht passen.

Es ist wie mit einer Familie: Ich kann mir nicht aussuchen, in welche Familie ich hineingeboren werde. Und wenn ich von neuem geboren werde – „aus Wasser und Geist", wie Jesus es einmal formulierte (Johannes 3,5) –, dann werde ich auch in eine große weltweite Familie von Christen hineingeboren, die ich mir nicht ausgesucht habe. Aber Gott beruft mich dazu, Gemeinschaft zu suchen und zu leben. Das fängt zuerst mit einer Gemeinschaft oder Gemeinde in meinem Umfeld an, in die ich mich bewusst hineinstelle, in der ich mich engagiere, mit der ich gemeinsam auf dem Weg bin. Darüber hinaus ist es für mein persönliches Wachstum wichtig, dass ich einen kleinen Kreis von Menschen habe oder vielleicht auch nur eine Person, vor denen ich ganz offen sein kann; denen ich mit meinem Leben und meiner Lebensführung verantwortlich bin; die in mein Leben hineinreden, mich ermutigen und ermahnen dürfen – Seelenfreunde.

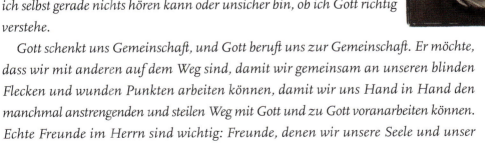

Ich bleibe selbst für das, was ich tue oder nicht tue, verantwortlich. Meine Freunde nehmen mir nicht meine Entscheidungen ab. Aber ich brauche ihr Gebet, ihren Rat, ihre geistliche Einsicht, ihre Ermutigung, ihre Ermahnung und oft auch ihr Hören auf Gott – für mich, wenn ich selbst gerade nichts hören kann oder unsicher bin, ob ich Gott richtig verstehe.

Gott schenkt uns Gemeinschaft, und Gott beruft uns zur Gemeinschaft. Er möchte, dass wir mit anderen auf dem Weg sind, damit wir gemeinsam an unseren blinden Flecken und wunden Punkten arbeiten können, damit wir uns Hand in Hand den manchmal anstrengenden und steilen Weg mit Gott und zu Gott voranarbeiten können. Echte Freunde im Herrn sind wichtig: Freunde, denen wir unsere Seele und unser Herz öffnen können – Seelenfreunde.

Von der heiligen Brigid, einer der großen Frauen der irischen Kirche, wird ein Ausspruch überliefert: „Ein Mensch ohne Seelenfreund ist wie ein Körper ohne Kopf." Die Gemeinde Jesu ist wie ein Körper – jedes Körperteil braucht das andere, um harmonisch und gesund funktionieren zu können.

anamchara

Treue Freunde
sind ein großes Geschenk von Gott.
Freunde,
mit denen ich mein Leben teilen kann,
die mich ertragen, wie ich bin,
die mit mir lachen
und mit mir weinen,
die mit mir hoffen
und für mich glauben,
wenn ich nicht mehr glauben kann,

die offene Türen sehen,
wo mir alles ausweglos erscheint,
die ehrlich mir sind,
wo kein anderer sich traut,
mir die Wahrheit zu sagen,
die mich ermutigen,
auch meine dunklen Punkte anzuschauen,
die mir auf dem Weg der Veränderung und Heilung helfen,
weil ich ihnen wichtig bin.
Seelenfreunde.

Treue Freunde
sind ein großes Geschenk von Gott.
Freunde,
mit denen ich gemeinsam auf dem Weg bin.
Wir stützen uns gegenseitig,
damit wir nicht müde werden.

Wir helfen uns auf,
wenn einer gefallen ist,
damit wir den Lauf vollenden
und gemeinsam das Ziel erreichen.

Treue Freunde
trainieren mit mir
und helfen mir,
meine natürlichen Gaben
und meine geistlichen „Muskeln" zu entwickeln.
Sie stehen am Rand der Rennbahn,
loben mich und feuern mich an,
nicht aufzugeben
und das Ziel im Auge zu behalten.
Am Ziel angekommen,
werde ich nicht allein sein.
Ich werde viele Freunde wiedertreffen,
dort, in Gottes Haus,
und wir feiern zusammen ein Fest.
Seelenfreunde.

„Ein treuer Freund ist ein starker Schutz; wer den findet, der findet einen großen Schatz. Ein treuer Freund ist nicht mit Geld oder Gut zu bezahlen, und sein Wert ist nicht hoch genug zu schätzen. Ein treuer Freund ist ein Trost im Leben; wer Gott fürchtet, der bekommt solchen Freund. Denn wer Gott fürchtet, der wird auch gute Freundschaft halten." (Sirach 6,14-17)

„Ihr aber seid der Leib Christi und jeder von euch ein Glied." (1. Korinther 12,27)

Auf den Herzschlag Gottes hören

Für die keltischen Christen war der Apostel Johannes ein wichtiges Vorbild und eine Identifikationsfigur. Im Evangelium des Johannes wird berichtet, dass der Jünger, den Jesus lieb hatte (wahrscheinlich Johannes selbst), beim letzten Abendmahl an der Brust Jesu lag. Nach der Tradition der keltischen Christen konnte Johannes dabei den Herzschlag Jesu hören. So wurde er für sie zum Vorbild eines Menschen, der Gottes Herzen nahe ist und auf sein Reden wartet. Sie wollten lernen, so wie Johannes jeden Tag in der Gegenwart und aus der Gegenwart des dreieinigen Gottes zu leben. Sie versuchten, für den Herzschlag Gottes in seiner Schöpfung und in ihrem eigenen Leben sensibel zu sein. Die Schriften von Johannes – sein Evangelium, seine Briefe und die Offenbarung – waren für die keltische Kirche von großer Wichtigkeit und prägten ihren Zugang zu Mensch und Natur.

Gott hat seine Welt und seine Menschen nicht verlassen, sondern ist in der Welt und in den Menschen am Werk – man braucht nur offene Augen und ein hörendes Herz, um das immer wieder neu zu erkennen. Durch seinen Heiligen Geist lebt Gott in mir und arbeitet an mir, um mich zu formen und sensibel zu machen für das, was er mir sagen und durch mich tun will.

Doch das Hören auf Gott kommt zuerst, nicht das Handeln – das haben die frühen Christen der keltischen Kirche verstanden und versucht umzusetzen. Für uns heute – in unserem lauten, hektischen, vernetzten und von Informationen überladenen Alltag – wird das wieder neu wichtig. Unser Leben in Freundschaften, Familie, Beruf und Gemeinde ist oft von Aktivismus und Stress bestimmt. Und wenn wir mal fünf Minuten mit uns (und Gott) allein sind, dann ist die innere Unruhe in uns so groß, dass wir gar nichts mit der Stille anfangen können. Sie kommt uns so leer und beängstigend vor. Weil wir die Stille und das Schweigen in der Gegenwart Gottes nicht mehr genießen können, stürzen wir uns schnell in die nächste Aktivität oder den nächsten Gedankenstrudel voller Pläne, Sorgen und Bedürfnisse.

Wir haben es verlernt, an der Brust Jesu zur Ruhe zu kommen. Wir haben es verlernt, auf Gottes Herzschlag zu hören und unseren Herzschlag mit dem seinen zu synchronisieren. Wir nehmen uns keine Zeit mehr, um von Gott zu hören und zu empfangen, wer wir wirklich in seinen Augen sind und was der Sinn und das Ziel unseres Lebens ist. Wir haben Angst – Angst vor dem Zusammensein mit Gott. Was wird er sagen, wenn ich wirklich anfange, auf seine Stimme zu hören ...?

Doch Gottes Stimme ist heilsam und erneuernd, nicht verletzend und strafend. Wenn wir es lernen, in seiner Gegenwart, an seiner Brust zur Ruhe zu kommen, tut uns das unendlich gut. Es kostet ein wenig Übung und Ausdauer, bis wir uns in der Stille und im hörenden Schweigen wohl fühlen. Denn seine Stimme ist oft so leise und fast unmerklich wie der Flügelschlag eines Schmetterlings, der unsere Wange streift. Gott ist bei uns, Gott lebt in uns, und er ist um uns herum in dieser Welt am Werk. Deshalb können wir jederzeit und an jedem Ort in seine Gegenwart kommen, ja wir sind schon in seiner Gegenwart und brauchen uns dessen nur bewusst zu werden. Wenn wir anfangen wollen, das einzuüben, können wir z.B. zu Gott sagen: „Ich bin da, Herr. Und du bist auch da, das ist gut." Und dann sind wir einfach still und genießen die Gegenwart Gottes.

Wenn wir uns im „hörenden Gebet" üben wollen, das Gott nicht mit Fragen und Bitten bestürmt, sondern den Schwerpunkt auf das Hören legt, dann können wir z.B. beten: „Rede, Herr, dein Sohn/deine Tochter hört." Und dann sind wir still und versuchen, die „Ohren unseres Herzens" zu öffnen.

Es ist wunderbar, wenn wir lernen, Gottes Stimme ganz neu zu hören: in unseren Gedanken, in unserer Seele, in unserem Herzen, in unseren Emotionen, mit unserem Verstand. Und aus dem Hören auf Gott heraus können wir anders an unseren Alltag, an das Leben in Freundschaften, Familie, Beruf und Gemeinde herangehen.

Jesus,
mein Freund und Bruder,
mein Herr und Gott,
ich möchte nah an deinem Herzen sein,
deinen Herzschlag hören
und den tiefen Frieden spüren,
der davon ausgeht.

Ich möchte
in deinen Armen zur Ruhe kommen,
getröstet durch deine heilsame Gegenwart
auf dein Herz hören
und meinen Herzschlag
mit deinem vereinen.

Dein Herz schlägt für mich,
für meinen Bruder und meine Schwester,
für die, die nah sind,
und die, die ganz fern sind von dir.

Dein Herz ist so groß
und umfasst die ganze Welt.
Das kann ich nicht begreifen,
erfasse ich doch kaum
die unermessliche Liebe,
die du zu mir hast.

Wenn ich auf deinen Herzschlag höre,
fange ich an,
die Welt und die Menschen um mich herum
mit neuen Augen zu sehen.
Wenn ich an deiner Seite
zur Ruhe komme,
höre ich die Worte,
die du zu meinem Herzen sprichst.

All die Pläne, Sorgen und Bedürfnisse,
die mich so verwirren und ermüden,
beginnen in mir zu schweigen,
und nur noch eines ist wichtig:
dir nahe zu sein,
dich zu lieben
und ein Leben zu leben,
das dir Freude macht.

„Am Anfang war das Wort, und das Wort war bei Gott,
und Gott war das Wort.
Dasselbe war im Anfang bei Gott.
Alle Dinge sind durch dasselbe gemacht,
und ohne dasselbe ist nichts gemacht, was gemacht ist.“
(Johannes 1,1-3)

„Er war in der Welt, und die Welt ist durch ihn gemacht;
aber die Welt erkannte ihn nicht.“
(Johannes 1,10)

„Und das Wort ward Fleisch und wohnte unter uns,
und wir sahen seine Herrlichkeit,
eine Herrlichkeit als des eingeborenen Sohnes vom Vater,
voller Gnade und Wahrheit.“
(Johannes 1,14)

„Den Frieden lasse ich euch, meinen Frieden gebe ich euch.
Nicht gebe ich euch, wie die Welt gibt.
Euer Herz erschrecke nicht und fürchte sich nicht.“
(Johannes 14,27)

„Bleibt in mir und ich in euch.“
(Johannes 15,4)

Gegründet im Ursprung: die Verbundenheit mit den Christen im Orient

Die frühen irischen bzw. keltischen Christen waren überraschend eng mit der Kirche in den Ursprungsländern des Glaubens verbunden. Sie hatten einiges mit ihren christlichen Geschwistern in Ländern wie Syrien, Palästina oder Ägypten gemeinsam, obwohl sie meilenweit von diesen Regionen entfernt wohnten. Wie kam es dazu?

Schon zur Zeit des Apostels Paulus gab es „keltische" Christen in eher orientalischen Regionen: Paulus grüßt in seinem Brief an die Galater die Gemeinden im Gebiet „Galatien" in Kleinasien (heute Türkei). Diese Christen waren Nachfahren keltischer Einwanderer aus Gallien und gehörten zu derselben Volksgruppe, die sich auch in Teilen von Irland, Cornwall, Wales und Schottland ansiedelte.

Die keltischen Christen im Norden Europas waren äußerst beeindruckt vom ernsthaften und radikalen Leben mancher „Wüstenväter" des Orients. Die „Wüstenväter" waren fromme Männer, die sich von der sich unter Kaiser Konstantin entwickelnden Staatskirche in einsame Gegenden zurückzogen, wo sich nach und nach klösterliche Gemeinschaften bildeten. Eines der großen Vorbilder der keltischen Christen wurde der heilige Antonius, der sich für lange Jahre in die ägyptische Wüste zurückzog und dann mit großer geistlicher Autorität Menschen heilte, verfolgte Christen stärkte und in der Kraft Gottes Wunder vollbrachte.

Große Persönlichkeiten der keltischen Kirche wie der heilige Patrick oder Ninian wurden in Klöstern in Gallien ausgebildet, die Verbindungen zu den Kirchen in den Ursprungsländern des Glaubens hatten. So wurde die Spiritualität der Ostkirchen bzw. orientalischen Kirchen zu einem festen Bestandteil auch der keltischen Kirchen in Gallien, Irland, Schottland und andernorts.

Als das Römische Reich zu zerfallen begann, wurden die Mönchsgemeinschaften im Orient zunehmend von nichtchristlichen Völkern, den „Barbaren", bedroht, die den ganzen Mittelmeerraum unsicher machten. Viele der Mönche und gebildeten Geistlichen flohen über das Meer in die nördlichen Länder des heutigen Europas. Manche von ihnen, darunter Syrer, Ägypter oder Armenier, kamen sogar bis nach Irland. Und dort beeinflussten und bereicherten sie die Spiritualität, Liturgie, Theologie und sogar die Kunst der keltischen Kirche. So finden sich z.B. im Kloster Bangor im Nordosten Irlands liturgische Texte, die aus dem Ägyptischen übersetzt sind. Auch die wunderschön verzierten irischen Bibelhandschriften zeigen ägyptische Merkmale: Die Besonderheit, Großbuchstaben mit roten Punkten zu versehen, haben sich die irischen Mönche wohl aus den Bibeln ihrer koptischen (ägyptischen) Brüder abgeschaut, die auf ihrer Flucht bis nach Irland kamen.

Darin können uns die irischen bzw. keltischen Christen heute zum Vorbild werden: Sie suchten die Verbindung zum Ursprung des Glaubens. Ein Christsein, das sich von der Geschichte der Kirche, den Ursprüngen des Glaubens und den Geschwistern in den alten orientalischen Kirchen loslöst, ist gefährlich. Wir brauchen die Verbindung zu unseren Wurzeln, zu den Ländern und den Christen, wo alles begann. Sonst wird sich unser Christsein zu etwas entwickeln, das mit der Umwelt von Jesus und dem Glauben der ersten Christen nur noch wenig zu tun hat – ein Luftgebilde, das keine Wurzeln mehr hat und nicht überlebensfähig ist. Natürlich haben sich die orientalischen bzw. Ostkirchen heute in vielem ähnlich weit vom Leben und Glauben der frühen Christen entfernt wie wir aus den europäischen Kirchen. Und dennoch haben sie so manches in ihren Traditionen und ihrer Spiritualität bewahrt, was uns westlichen Christen fehlt.

Wir brauchen natürlich etwas Offenheit, um uns von christlichen Brüdern und Schwestern eines vollkommen anderen Kulturkreises beschenken zu lassen. Und es erfordert Demut zuzugeben, dass die „anderen" vielleicht etwas bewahrt haben, was uns fehlt. Die keltischen Christen hatten offenbar keine Probleme damit, sich Gutes „abzuschauen" und in ihre Art, ihren Glauben auszudrücken, zu integrieren. Obwohl sie aus einer vollkommen anderen Welt kamen, suchten sie die Verbindung zu den Christen in den Mutterländern des Glaubens. Es war für ihren Glauben von großer Bedeutung, in welchem Land Jesus geboren war, wo er sein irdisches Leben verbrachte und in welchen Ländern das Christentum zuerst heimisch wurde, bevor es in Europa Fuß fasste.

Genauso ist es noch heute für unseren Glauben, unsere Kirchen und Gemeinden wichtig, uns ein offenes Herz zu bewahren für Christen aus anderen Kulturkreisen, von denen wir beschenkt werden und lernen können. Ganz besondere Bedeutung für uns europäische Christen hat dabei das Land, in dem unser Glaube „geboren" wurde, das Land, in dem Jesus lebte, starb und wieder auferstand. Es ist ein Land, in dem es noch heute viele orientalische – wie z.B. syrische, ägyptische, palästinensische, armenische – und auch hebräische Christen gibt: Christen, die anders aussehen, anders sprechen und einen anderen Gottesdienst feiern als wir, die aber genau wie wir den Vater im Himmel ehren möchten, Jesus lieb haben und im Heiligen Geist anbeten.

Herr,
gib mir deine Perspektive,
dein Herz, deine Achtung und Liebe
für den weltweiten Leib Christi
aus Menschen aller Nationen, Kulturen und Sprachen.

Herr,
hilf mir,
meine Brüder und Schwestern
im Orient und im Nahen Osten nicht zu vergessen,
sondern für sie zu beten,
mich mit ihnen zu freuen,
mit ihnen zu leiden
und für sie zu hoffen.

Herr,
weite meinen begrenzten Horizont
und nimm mir die Angst,
mich zu verlieren
oder dich zu verlieren,
wenn ich mich interessiere und öffne
für das Fremde und Neue,
das mir im Glauben meiner orientalischen Geschwister begegnet.

Herr,
verbinde mich neu
mit den Wurzeln meines Glaubens,
mit der Geschichte derer,
die in einer anderen Zeit,
in weit entfernten Ländern,
lange vor mir
den Weg mit dir gegangen sind –
und auf deren Schultern ich stehe.

Hilf mir,
von ihnen zu lernen,
sie als Vorbilder im Glauben zu sehen
und ihren Mut und ihre Hingabe zu ehren.

„Sie wurden alle erfüllt von dem Heiligen Geist
und fingen an, zu predigen in anderen Sprachen,
wie der Geist ihnen gab auszusprechen ... Als nun dieses Brausen geschah,
kam die Menge zusammen und wurde bestürzt;
denn ein jeder hörte sie in seiner eigenen Sprache reden. Sie entsetzten sich aber,
verwunderten sich und sprachen: ...Wie hören wir denn jeder seine eigene Muttersprache?
Parther und Meder und Elamiter und die wir wohnen in Mesopotamien und Judäa, Kappadozier,
Pontus und der Provinz Asien, Phrygien und Pamphylien, Ägypten und der Gegend von Kyrene
in Libyen und Einwanderer aus Rom, Juden und Judengenossen, Kreter und Araber:
wir hören sie in unseren Sprachen von den großen Taten Gottes reden ...
Und an diesem Tage wurden hinzugefügt
etwa dreitausend Menschen.
Sie blieben aber beständig in der Lehre der Apostel
und in der Gemeinschaft und im Brotbrechen und im Gebet.“

(aus Apostelgeschichte 2)

„Hier ist nicht Jude noch Grieche, hier ist nicht Sklave noch Freier,
hier ist nicht Mann noch Frau;
denn ihr seid allesamt einer in Christus.“

(Galater 3,28)

Ausgerichtet auf die Zukunft: Brückenbauer zu anderen Kulturen

Die keltischen Christen Irlands und andernorts waren nicht auf sich selbst konzentriert und mit sich selbst zufrieden. Sie waren Brückenbauer zu fremden Kulturen und anderen Ländern. Dadurch beeinflussten sie in entscheidender Weise die Zukunft des Christentums in Europa. Sie gaben das wieder hundertfältig zurück, was sie einmal geschenkt bekommen hatten: Durch Männer wie den heiligen Patrick, die ihre Ausbildung in den Klöstern auf dem europäischen Festland erhalten hatten, waren die Iren zu Christen geworden. Doch mit dem Zerfall des Römischen Reiches und den Einfällen der Barbaren hatte bereits seit dem frühen 5. Jahrhundert der Zerfall der römisch geprägten Kirche auf dem Kontinent begonnen. Spätestens in der Mitte des 6. Jahrhunderts wurden viele große römische Städte verwüstet und mit ihnen die bedeutenden Bibliotheken. Die meisten Bibelhandschriften sowie griechische und lateinische Literatur wurden zerstört, geraubt oder verbrannt. Die römische Kirche und das Römische Reich lagen am Boden. An deren Stelle traten viele kleine, meist heidnische Fürstentümer.

In einem Moment, als das europäische Christentum in einer großen Krise war, kam die Hilfe und Erneuerung aus einer ganz unerwarteten Richtung: aus den unscheinbaren Inselklöstern und bescheidenen Mönchsgemeinschaften Irlands. Hier waren viele christliche Handschriften über lange Jahrzehnte hinweg treu kopiert und dadurch erhalten worden.

Aber die Bibel und die Literatur der Kirchenväter waren nicht das Einzige, was die irischen Christen den Menschen auf dem europäischen Kontinent zurückgeben konnten. Während dort der christliche Glaube langsam vertrocknete, war die Spiritualität der irischen Christen noch frisch und unverbraucht.

Eines der Ideale der christlichen Mönche Irlands war das „weiße Martyrium", bei dem es darum ging, um Jesu willen die geliebte Heimat zu verlassen. So kamen viele von ihnen zunächst nach England und Schottland – wie z.B. Columcille (Inselkloster Iona vor der Küste Schottlands), Aidan (Kloster Lindisfarne an der Ostküste Englands), Cuthbert (England und Südschottland), Illtyd (Wales) und Samson von Dol (Cornwall). Auf dem europäischen Kontinent evangelisierten dann spätestens ab dem frühen 7. Jahrhundert Mönche wie Columban (Gallien, Italien), Gallus (am Bodensee) und Virgil (Salzburg). Der heilige Cathal (Cahill) reiste durch Südeuropa und pilgerte sogar bis ins Heilige Land. Auf seinem Rückweg wurde er in Tarent (Süditalien) zum Bischof gewählt. Dort wird er bis auf den heutigen Tag als „San Cataldo" verehrt.

Auch Frauen der irisch-keltischen Kirche gingen ins selbst gewählte Exil, obwohl wir heute leider nur noch wenig von ihnen wissen. Dennoch zeigen die Kirchen in Deutschland, Österreich, Frankreich und Italien, die der heiligen Brigid geweiht wurden, dass irische bzw. keltische Christinnen bis hierher gekommen sind. In Amay in Belgien wurde ein mit keltischen Ornamenten versehener Sarg gefunden, auf dem eine Frau mit dem Namen „Sankt Chrodoara" abgebildet ist. Sie trägt einen Krumm-stab in ihren Händen, was darauf hindeutet, dass sie in ihrer Gemeinde als Frau mit großer geistlicher Autorität gesehen wurde. Wahrscheinlich war sie sogar Äbtissin.

Im Gepäck hatten all diese irischen Wanderer die eine oder andere wertvolle lateinische Bibelhandschrift und einen großen evangelistischen Eifer. Sie schlugen für die Menschen Europas wieder eine Brücke hin zu deren christlichem Erbe, das in Vergessenheit zu geraten drohte. Und für Menschen, die mit dem christlichen Glauben noch nicht in Berührung gekommen waren, bauten sie Brücken zu Gott. Sie hatten keine Berührungsängste gegenüber Menschen anderer Kulturen und Sprachen, sondern gewannen in ganz Europa Menschen für Jesus und gründeten Klöster. Es war ein weiter Weg von ihrer isolierten grünen Heimat bis ins Herz des einstmals so zivilisierten und christlichen Europas!

Es scheint so, als ob Gott immer wieder in der Geschichte seiner weltweiten Gemeinde das Kleine und Unscheinbare benutzt, um das Große und Selbstsichere Demut zu lehren. Ohne die irischen Christen hätte die Zukunft des Christentums in Europa höchstwahrscheinlich sehr viel düsterer ausgesehen, und – wer weiß? – vielleicht ist es ihnen zu verdanken, dass es heute in Europa noch Christen gibt ...

Heute sind wir wieder ganz neu herausgefordert, Brückenbauer zu sein – Brücken zu schlagen zu den vielen verschiedenen Kulturen und Subkulturen, die es allein schon innerhalb unserer Gesellschaft gibt: Teenager, Singles, Alleinerziehende, Paare, Familien, ältere Menschen – oder auch sozial schwache Menschen, Menschen aus der Mittelklasse, Intellektuelle ... Sie alle müssen die Möglichkeit haben, das Evangelium so zu hören, dass sie es verstehen und annehmen können, wenn sie möchten. Dasselbe gilt z.B. auch für unsere vielen ausländischen, oft andersgläubigen Mitbürger, von denen mancher so oder ähnlich fragt: „Ich lebe jetzt schon seit dreißig Jahren in Deutschland, aber ich habe nie einen Deutschen getroffen, der mir etwas vom christlichen Glauben erklärt oder mich zu einer Weihnachtsfeier in sein Haus eingeladen hätte. Warum bekommt man nichts von eurem Glauben mit?“

Herr,

ich danke dir,

dass du für deine Gemeinde auf der ganzen Welt sorgst.

Danke,

dass du immer wieder Menschen berufst,

Brückenbauer zu sein –

Brückenbauer hin zu anderen,

die dich nicht kennen,

damit sie neue Hoffnung schöpfen.

Danke, dass die Zukunft der Christen in aller Welt

in deinen Händen liegt.

Du kannst für deine Kirche aus allen Nationen und Hautfarben sorgen,

das hast du immer wieder bewiesen.

Wir bitten dich für die Christen Europas,

die heute wieder in einer entscheidenden Situation,

einer Krisensituation sind,

ganz ähnlich wie damals, als das christlich-römische Reich zerbrach

und etwas Neues entstand.

Hilf uns, unseren Platz in deiner Geschichte

mit der Kirche und der Welt einzunehmen.

Hilf uns, auf der Schwelle vom christlichen Abendland

zu einer nachchristlichen Gesellschaft Brückenbauer zu sein.

Schenk uns, dass wir wie die irischen Christen damals
dabei helfen, für die Europäer
und alle, die aus anderen Ländern nach Europa gekommen sind,
eine Brücke
zum Wesen des christlichen Glaubens zu schlagen.

Herr, wir wollen mit dir zusammen
die gute Botschaft ganz neu lebendig und relevant machen
– für eine Gesellschaft, die mit dir nichts mehr anfangen kann.

Danke, dass der Zerbruch des Bisherigen
der Anfang von etwas ganz Neuem, Besserem sein kann –
durch dich.
Denn du verlässt deine Gemeinde nicht.
Und bei dir sind alle Dinge möglich.

UND DER HERR WIRD DICH IMMERDAR FÜHREN UND DICH

SÄTTIGEN IN DER DÜRRE UND DEIN GEBEIN STÄRKEN. UND DU

WIRST SEIN WIE EIN BEWÄSSERTER GARTEN UND WIE EINE

WASSERQUELLE, DER ES NIE AN WASSER FEHLT. UND ES SOLL

DURCH DICH WIEDER AUFGEBAUT WERDEN, WAS LANGE WÜST

GELEGEN HAT, UND DU WIRST WIEDER AUFRICHTEN, WAS

VORZEITEN GEGRÜNDET WARD; UND DU SOLLST HEISSEN:

DER DIE LÜCKEN ZUMAUERT UND DIE WEGE AUSBESSERT,

DASS MAN DA WOHNEN KÖNNE.

(JESAJA 58,11-12)

Durch den Sturm: Erfahrungen mit der Souveränität Gottes

Für die irischen bzw. keltischen Christen war es gar keine Frage, dass ihr himmlischer Vater Herr über Naturgewalten, Tiere und Menschen ist. Mit einem kindlichen Vertrauen, das wir heute in Europa meist gar nicht mehr nachvollziehen können, baten sie Gott um alles, was nötig war – von den einfachsten Dingen bis zum scheinbar Unmöglichen.

Es gibt viele Gebete, die sich mit den Dingen des alltäglichen Lebens beschäftigen – nichts war für die irischen Christen zu klein oder unwichtig, um damit im Gebet zu ihrem himmlischen Vater zu kommen: essen und trinken, schlafen, die Arbeit, die Ernte, der Regen, Gesundheit, Freunde, Partnerschaft, das Sterben ... Und nichts erschien zu groß oder unmöglich, um von Gott erbeten zu werden.

Der heilige Columcille, der um die Mitte des 6. Jahrhunderts das Kloster Iona vor der Küste Schottlands gründete, war ein unermüdlicher Beter. Selbst in den ausweglosesten Situationen vertraute er auf die Kraft Gottes, das Unmögliche möglich zu machen. Durch Adamnan, den Biografen von Columcille, sind uns schon früh verschiedene Ereignisse aus dem Leben des Heiligen überliefert worden, basierend auf mündlicher Tradition und schriftlichen Dokumenten.

Als Columcille einmal in der Gegend der heidnischen Pikten predigte und evangelisierte, bekehrte sich eine Familie von Landbesitzern samt deren Arbeiter zum christlichen Glauben. Aber einer der Söhne der Familie erkrankte kurz darauf schwer. Das veranlasste die heidnischen Priester der Gegend, die Druiden, den Gott der Christen zu verhöhnen. Als Columcille das hörte, brannte es in ihm wie Feuer. Er konnte es nicht ertragen, dass Gott so verlacht wurde. Mit einigen seiner Gefährten ging er zurück zum Haus der Familie, doch ihr Sohn war inzwischen gestorben. Er ging in das Zimmer des toten Kindes, begann zu weinen und im Namen von Jesus dafür zu beten, dass das Kind wieder lebendig würde. Gott beantwortete seine Gebete, und der Junge kam wieder ins Leben zurück, zur Freude seiner Eltern und zur Ehre des himmlischen Vaters.

Bei einer anderen Gelegenheit hatte Columcille eine Auseinandersetzung mit Broichan, dem Druiden am Hof von Brude, dem König der Pikten. Columcille wollte über einen See (Loch Ness) segeln, doch Broichan, der ihm nach dem Leben trachtete, ließ einen heftigen Sturm aufkommen. Columcille aber rief seinen Herrn Jesus Christus an und segelte zuversichtlich mitten in den Sturm hinein. Kurz zuvor noch hatte er dem Druiden versichert, dass der allmächtige Gott der Christen der Herrscher aller Dinge ist. Obwohl der Sturm äußerst heftig war und die Segel des Bootes gegen den Wind standen, machte das Boot schnelle Fahrt. Nach kurzer Zeit drehte sich der Wind und blies mit voller Kraft in die Segel, sodass Columcille zügig und sicher am anderen Ufer ankam.

Noch viele andere Wunder wie Heilungen und seine große Autorität über Naturgewalten und gefährliche Tiere sind vom heiligen Columcille (und anderen keltischen Heiligen) überliefert.

Ja, waren die Menschen damals denn leichtgläubiger oder dümmer als wir heute? Konnten sie es etwa nicht unterscheiden, ob jemand tot war oder bloß schlief? Wussten sie nicht den Unterschied zwischen krank und gesund? Kannten sie nicht die Naturgesetze? Haben sie etwa gewöhnliche Zufälle für Wunder gehalten?

Oder wurden im Nachhinein all diese Wundergeschichten erfunden, um die irischen und keltischen Christen „heiliger" wirken zu lassen?

Vielleicht hat das manch einer beim Lesen dieser Zeilen insgeheim gedacht, und das wäre ihm oder ihr noch nicht einmal zu verdenken. Doch wie stehen wir dann zu all dem, was im Neuen Testament an Wundern und Zeichen von den ersten Jüngern und Freunden Jesu berichtet wird? Wie stehen wir zu dem, was im Alten Testament an Wundern und Zeichen von Mose, Abraham und anderen Freunden Gottes berichtet wird?

Ich glaube, die Menschen damals – egal ob zur Zeit des Alten oder Neuen Testaments oder in den ersten Jahrhunderten der keltischen Kirche – kannten ihre Welt und deren Gesetze sehr genau, vielleicht besser, als der heutige moderne Stadtmensch seinen eigenen Körper und die Naturgesetze kennt ... Aber diese Menschen vertrauten darauf, dass Gott mächtig und souverän ist, dass er in seiner Schöpfung am Wirken ist und gleichzeitig über seiner Schöpfung steht. In jeder Sekunde kann er schaffen, was er will. Er kann auch Naturgesetze beeinflussen, Winde stillen, Tote zum Leben erwecken, Kranke heilen.

Dieses grenzenlose Vertrauen in den grenzenlos souveränen Gott ist uns abhanden gekommen. Stattdessen vertrauen wir oft nur noch darauf, was wir sehen oder mit Apparaten messen können. Doch viele Dinge entziehen sich unserer begrenzten Sicht und selbst dem hohen Niveau unserer Technik und Wissenschaft.

Ich glaube, dass Gott auch heute noch Wunder tut, kleine und große. Er antwortet auf die Gebete seiner Töchter und Söhne, selbst dann, wenn wir sie mit Zweifel im Herzen sprechen. Denn er ist nicht nur grenzenlos mächtig, sondern auch grenzenlos barmherzig. Er weiß, wie es um unseren Glauben steht.

Von denen, die uns im Glauben vorausgegangen sind, wie z.B. unseren irischen Brüdern und Schwestern der keltischen Kirche, können wir lernen: Gott ist unseres Vertrauens würdig. Wenn er will, kann er auch Unmögliches für uns möglich machen. Als seine Kinder dürfen wir Anteil haben an seiner Autorität. Im Namen von Jesus dürfen wir um alles bitten. In jeder Situation dürfen wir mit seiner Hilfe rechnen.

Vater,
du kannst alles tun, was du willst.
Du hast die Welt gemacht.
Du weißt, was sie zusammenhält,
vom kleinsten Teilchen
bis zur größten Galaxie.

Du bist Herr über das, was du geschaffen hast.
Und uns, deinen Kindern,
hast du Anteil an deiner Herrschaft gegeben.
Hilf uns, in dieses Erbe hineinzuwachsen
und das zu würdigen, was du uns anvertraust.

Du bist souverän und mächtig,
und nach deinem Willen gibst du uns,
deinen Kindern, Weisheit und Autorität.

Vergib uns,
wenn wir das nicht in Anspruch nehmen –
weil wir zweifeln;
weil wir Angst davor haben,
dass du unsere Gebete nicht erhörst;
weil wir denken,
dass du nicht die Kraft hast,
das Unmögliche möglich zu machen.

Vater,
hilf uns, leidenschaftlicher zu beten,
treuer zu glauben
und dir kindlicher zu vertrauen.

„Verlass dich auf den Herrn von ganzem Herzen,
und verlass dich nicht auf deinen Verstand,
sondern gedenke an ihn in allen deinen Wegen,
so wird er dich recht führen."
(Sprüche 3,5-6)

„Gehet hin in alle Welt und predigt das Evangelium aller Kreatur ... Die Zeichen aber, die folgen werden denen, die da glauben, sind diese: In meinem Namen werden sie böse Geister austreiben, in neuen Zungen reden, Schlangen mit den Händen hochheben, und wenn sie etwas Tödliches trinken, wird's ihnen nicht schaden; auf Kranke werden sie die Hände legen, so wird's besser mit ihnen werden."
(Markus 16,15.17-18)

„Wahrlich, wahrlich, ich sage euch:
Wer an mich glaubt, der wird die Werke auch tun, die ich tue, und er wird noch größere als diese tun; denn ich gehe zum Vater. Und was ihr bitten werdet in meinem Namen, das will ich tun, damit der Vater verherrlicht werde im Sohn."
(Johannes 14,12-13)

das Leben als opfer für gott

Bevor die Iren den christlichen Glauben annahmen, verehrten sie wie die übrigen keltischen Völker eine Vielzahl von Göttern. Viele ihrer Gottheiten hatten harte, kriegerische und grausame Züge. Es war wohl die Stärke und Kampfkraft, die die Kelten am meisten an ihren Göttern bewunderten. Nach dem Glauben der Kelten gab es beispielsweise Kriegsgöttinnen, die ihre Feinde allein durch ihre magischen Kräfte und markerschütternden Kampfschreie töten konnten. Auf keltischen Münzen sind Götter abgebildet, die die abgetrennten Köpfe ihrer Feinde um den Hals tragen. Nicht nur die Aussagen griechischer und römischer Schriftsteller, sondern auch jüngere archäologische Funde weisen darauf hin, dass die Religion der Kelten auch Menschenopfer forderte.

Die Welt der Kelten war also, bevor das Christentum die Insel erreichte, keineswegs eine romantische Idylle, sondern zu einem großen Teil grausam und dunkel. Die Kelten waren Menschen mit Träumen, Hoffnungen und elementaren Bedürfnissen nach Liebe und Glück – wie überall anders auch. Aber ihre kulturellen und religiösen Vorstellungen brauchten Heilung und Erlösung. Mit dem Kommen des Christentums brach für die irischen Kelten zwar nicht der Himmel auf Erden an, aber es wurde ihnen ein Fenster in den Himmel geöffnet.

Etwas für die Götter zu opfern, und sei es auch das eigene Leben oder das anderer, war für die Iren von jeher nichts Neues gewesen. Der „neue" christliche Gott jedoch, von dem ihnen der heilige Patrick erzählte, war anders als ihre alten Götter. Statt den Tod immer neuer Menschen zu verlangen, hat er sich selbst ein für alle Mal geopfert, um die Menschen mit sich zu versöhnen.

Das war für die irischen Kelten eine neue, unerhörte und unfassbare Botschaft. Und es dauerte einige Zeit, um sich an diesen Gott zu gewöhnen, der so ganz anders war als die Götter ihrer Vorfahren. Ist das nicht ein Zeichen von Schwäche – dass ein Gott sein Leben lässt?

Aber der heilige Patrick und andere Christen nach ihm konnten das irische Volk nach und nach vom Gegenteil überzeugen: Ein Gott, der so selbstlos und furchtlos seine Größe ablegen und ganz klein werden kann, der keine Angst davor hat, Schwäche und Mitleid zu zeigen, der sich für seine geliebten Kinder in Irland und in aller Welt sogar töten lässt – dieser Gott ist wahrhaft groß und mächtig.

Wie überall in der Geschichte der Kirche wollten die Iren, als sie Christen wurden, Gott etwas schenken – aus Liebe zu ihm und Verehrung für ihn. Sie wollten dem Beispiel von Jesus folgen und ein opferbereites, hingegebenes Leben führen.

Bevor das Christentum von Kaiser Konstantin zur offiziellen Religion erhoben wurde, hatte es im Römischen Reich blutige Verfolgungen der frühen Kirche gegeben. Viele Christen opferten alles, was sie besaßen, für ihren Glauben an Gott: ihr Einkommen, ihr Zuhause, ihre Familie und ihr eigenes Leben. In Irland aber gab es keine organisierte Verfolgung der Christen und somit auch keine Märtyrer. Die irischen Christen wurden vom „roten Martyrium", das dem Gläubigen sein Leben abverlangte, weitgehend verschont. Doch die Iren fanden andere Wege, um ihre Opferbereitschaft unter Beweis zu stellen: Ihre Art, Gott ihre Liebe und Ergebenheit zu zeigen, wurden das „grüne" und das „weiße Martyrium".

Beim „grünen Martyrium" handelte es sich darum, dass sich der Christ in die Einsamkeit und Abgeschiedenheit zurückzog – ähnlich wie die Wüstenväter in der orientalischen Kirche, nur dass es in Irland keine Wüste gab. So bildeten sich nach und nach Mönchsgemeinschaften irgendwo in der „grünen Wüste" Irlands, die dann doch bald nicht mehr so einsam war, weil sich andere Iren um die Mönchskolonien herum ansiedelten. Beim „weißen Martyrium" ging es darum, dass man die Heimat für immer verließ und nie mehr zurückkehren konnte. Dem Brauch des „weißen Martyriums" ist es zu verdanken, dass die Mönche Irlands nach ganz Europa und noch weiter reisten und dabei die gute Botschaft verbreiteten, wo sie hinkamen.

Gott fordert keine Opfer von uns, denn er hat sich selbst als Opfer gegeben – damit wir mit ihm zusammen sein können. Wir müssen nichts tun, um uns Gottes Freundschaft zu verdienen. Gott hat schon alles getan. Manchmal, so scheint es, geriet das im Lauf der Kirchengeschichte ein wenig in Vergessenheit. Und wahrscheinlich haben sich auch manche der Christen Irlands unnötige Opfer oder Härten auferlegt, um Gott zu gefallen. Dennoch steht fest: Jesus ruft uns in seine Nachfolge – und sein Weg ist erst einmal nicht der des Triumphes oder der Bequemlichkeit, sondern des Kreuzes. Wenn wir mit Jesus leben, dann heißt das, dass wir auch Opfer bringen werden. Nicht weil wir einen grausamen Gott hätten, der uns klein halten möchte – sondern weil wir Jesus ähnlich werden wollen, der aus Liebe zu uns und seinem himmlischen Vater den Weg der Demut und des Gehorsams gegangen ist. Unser ganzes Leben soll ein Opfer sein, das Gott Freude macht – so sagt es uns das Neue Testament.

Das bedeutet: Wir geben uns Gott ganz hin, mit unserem Willen, unseren Wünschen und Plänen und allem, was wir haben und was uns als Person ausmacht. Wir werden dadurch nicht zu willenlosen Marionetten, sondern müssen uns jeden Tag wieder neu entscheiden, ob wir diesen Weg gehen wollen: selbst-los zu sein, nicht um uns selbst und unser eigenes Wohl zu kreisen, sondern danach zu fragen, was Gott möchte und wie wir ihm Freude machen können. Das ist ein Opfer – für viele von uns ein Opfer, das wir nicht zu bringen bereit sind.

Wenn wir mit Jesus leben, dann hat das Konsequenzen: gute Konsequenzen, aber auch solche, die uns einiges abverlangen. Manche von uns haben das schon erlebt, dass eine Freundschaft oder Partnerschaft daran in die Brüche gegangen ist, dass einer Christ wurde, oder dass die Familie nicht mit unserer Glaubensentscheidung einverstanden ist – das sind dann Momente, in denen uns ganz deutlich vor Augen steht: Wenn wir uns für unsere Freundschaft mit Gott entscheiden, werden wir Opfer bringen. In unserer westlichen Kultur werden wir als Christen glücklicherweise nicht verfolgt in dem Sinn, dass wir mit dem Verlust unserer Arbeitsstelle rechnen oder um unser Leben fürchten müssten.  *Doch in einigen Ländern dieser Erde ist es an der Tagesordnung, dass Christen um ihres Glaubens willen gesellschaftliche und berufliche Nachteile in Kauf nehmen müssen, Bürger zweiter Klasse sind, mit dem Tod bedroht, versklavt, gequält und aktiv verfolgt werden. Lasst uns an unsere Brüder und Schwestern denken, die wegen ihres christlichen Glaubens unermessliche Opfer bringen müssen. Lasst uns für sie beten und für sie eintreten:*

„*Und wenn ein Glied leidet, so leiden alle Glieder mit, und wenn ein Glied geehrt wird, so freuen sich alle Glieder mit. Ihr aber seid der Leib Christi und jeder von euch ein Glied.*" (1. Korinther 12,26-27)

Die Hingabe der irischen Christen damals und die Opferbereitschaft unserer christlichen Brüder und Schwestern heute kann uns Inspiration und Ansporn sein – damit auch wir bereit werden, loszulassen und uns in die Hand Gottes zu geben; damit wir offen werden für das, was Gott mit unserem Leben vorhat; damit wir auf Gottes Kraft vertrauen und nicht auf unsere eigene Stärke; damit wir von uns selbst wegsehen können auf Gott, der uns beruft, das zu werden, was er in uns hineingelegt hat; damit wir von uns selbst wegsehen können auf andere, die uns brauchen. Gott kann Großes tun mit Menschen, die ihr Leben opfern.

Vater,
ich habe Angst davor,
mich dir hinzugeben.
Ich habe Angst davor,
dir mein Leben anzuvertrauen.

Ich möchte selbst über mich bestimmen,
über das, was ich tue,
und das, was ich nicht tun will.

Vater,
letztlich vertraue ich dir wohl nicht,
dass du es wirklich gut mit mir meinst.
Sonst würde es mir leichter fallen,
dir die Zügel meines Lebens zu überlassen.

Jesus,
ich habe Angst davor,
Opfer bringen zu müssen,
mein Kreuz auf mich zu nehmen
und dir zu folgen auf einem Weg,
der nicht immer weit und eben ist,
sondern öfter auch schmal und steinig.

Doch vor lauter Kreisen um mich selbst
und meine Ängste und Bedürfnisse
merke ich gar nicht,
dass ich das weitaus größere Opfer bringe,
wenn ich mich deiner Führung verschließe.

Denn dann werde ich nie erfahren,
wer ich einmal hätte werden können
– dadurch, dass du an mir arbeitest,
mich formst und veränderst.

Dann werde ich nie erfahren,
was ich einmal hätte bewirken können
– dadurch, dass du mich befähigst,
meinen Blick weitest
und mich in neues Land führst.

Vater,
ich habe immer noch Angst,
und mein Vertrauen zu dir
ist immer noch klein,
aber ich liebe dich
und möchte dir Freude machen.

Ich entscheide mich dafür,
dir zu glauben,
hilf meinem Unglauben.
Ich entscheide mich dafür,
mit dir zu gehen,
wo du mit mir hingehen willst.
Nimm mich fest an meiner Hand
und lass mich nie mehr los.

„Da sprach Jesus zu ihnen allen:
Wer mir folgen will, der verleugne sich selbst
und nehme sein Kreuz auf sich täglich und folge mir nach.
Denn wer sein Leben erhalten will, der wird es verlieren;
wer aber sein Leben verliert um meinetwillen, der wird's erhalten.
Denn welchen Nutzen hätte der Mensch, wenn er die ganze Welt gewönne
und verlöre sich selbst oder nähme Schaden an sich selbst?"
(Lukas 9,23-25)

„Ich ermahne euch nun, liebe Brüder,
durch die Barmherzigkeit Gottes, dass ihr eure Leiber hingebt als ein Opfer,
das lebendig, heilig und Gott wohlgefällig ist. Das sei euer vernünftiger Gottesdienst."
(Römer 12,1)

„Ich lebe, doch nun nicht ich, sondern Christus lebt in mir."
(Galater 2,20)

„Gutes zu tun und mit andern zu teilen
vergesst nicht; denn solche Opfer gefallen Gott."
(Hebräer 13,16)

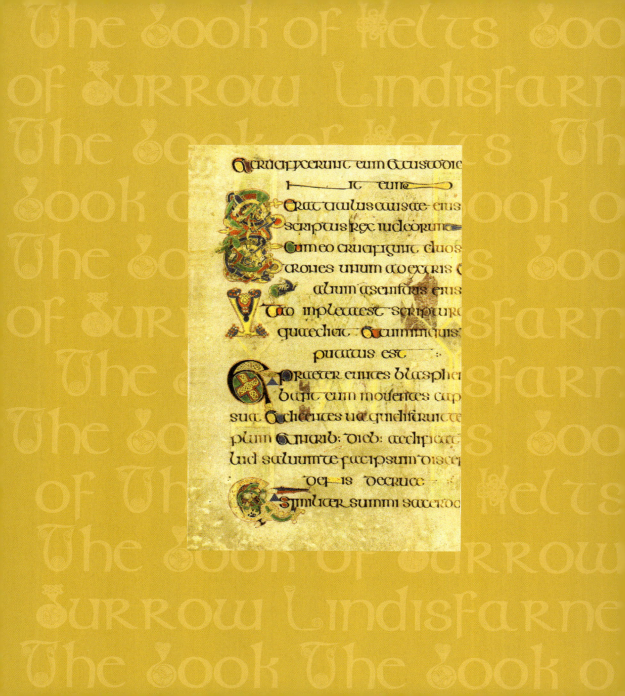

DIE LIEBE ZU GOTTES WORT

Die irischen Christen hatten eine große Liebe zu Gottes Wort. Es war für sie unendlich wertvoll, so wertvoll, dass sie das ganz praktisch ausdrückten: In den Schreibstuben der Inselklöster oder auch in der freien Natur wurden Bibeln und Bibelteile von Hand liebevoll und sorgfältig kopiert. Aber damit nicht genug: Die einzelnen Seiten eines biblischen Buches wurden „illuminiert", das heißt: fantasievoll mit Ornamenten, Menschen und Tieren verziert.

Zu den berühmtesten und schönsten Büchern gehört das „Book of Kells". Es entstand vermutlich um das Jahr 800 n.Chr. herum im Inselkloster Iona vor der Westküste Schottlands. Als die Mönche dort vor den Wikingern fliehen mussten, brachten sie die kostbare Evangelienhandschrift nach Kells im Nordwesten des heutigen Dublin. Die Seiten sind kunstvoll mit abstrakten Ornamenten und Tieren geschmückt, die eine Mischung aus byzantinischen, arabischen und anderen orientalischen Einflüssen verraten.

Ein weiteres wertvolles Manuskript, das „Book of Durrow", entstand bereits in der Mitte des 7. Jahrhunderts n.Chr. in der Abtei von Durrow.

Die irischen Mönche schufen einzigartige Handschriften, die es so nirgendwo anders gab. Viel Mühe, Sorgfalt und Liebe zum Detail flossen in ihre Arbeit.

Vor allem aber war es die Liebe zu Gott, die sie antrieb. Während man in späteren Jahrhunderten auf dem europäischen Kontinent wunderschöne Kirchen, Kathedralen und Dome baute, um Gott die Ehre zu geben und ein Stück von seiner Größe widerzuspiegeln, waren die „Kathedralen" der irischen Christen ihre illuminierten Bibelhandschriften. „Illuminieren" steht für „erleuchten", und das sollte mit jedem geschehen, der diese Handschriften las: Er sollte „erleuchtet" werden für die Schönheit von Gottes Wort und ein wenig von der Herrlichkeit des Schöpfers erkennen können.

Lange Stunden, oft bis tief in die Nacht hinein, arbeiteten die Mönche in den spärlich erleuchteten und wahrscheinlich noch spärlicher geheizten Räumen der „Skriptorien", der Schreibstuben. Und dort, wo es in Irland noch keine Schreibstuben gab, saßen die Mönche einfach in ihren kleinen bienenstockförmigen Zellen oder bei schönem Wetter auch draußen. Einer von ihnen beschreibt im 9. Jahrhundert, wie er beim Schreiben im Wald unter einem Baum sitzt und einem Kuckuck zuhört.

Um die Bibel einmal zu kopieren, brauchte ein Mönch ungefähr ein Jahr. Dazu kam noch die Zeit, die die aufwändige künstlerische Gestaltung der einzelnen Seiten in Anspruch nahm. Wenn die Handschrift dann endlich fertig war, war sie wie ein Schatz, ein Geschenk, das der Mönch Gott gemacht hatte, ein Geschenk von vielen Stunden, Tagen und sogar Jahren seines Lebens. Er hatte seine ganze Schreib- und Kunstfertigkeit in den Dienst Gottes gestellt.

Aber das Wort Gottes war nicht nur zum Anschauen da, sondern wurde auch mit Enthusiasmus gelesen und studiert, das zeigen die abgegriffenen Stellen auf vielen Pergamentseiten.

Ihre Liebe zu Gottes Wort und ihre Kunstfertigkeit im Lesen, Schreiben und Verzieren von Bibelhandschriften behielten die irischen Mönche nicht für sich. Sie wurden zu „Multiplikatoren" auf dem Kontinent – entweder dadurch, dass sie auf ihren Reisen durch Europa Handschriften verbreiteten, oder dadurch, dass sie von europäischen Herrschern als Lehrer und Gründer von neuen Zentren der Gelehrsamkeit angefragt wurden.

So ließ z.B. Karl der Große irische Mönche an seinen Hof rufen, um dort zusammen mit Gelehrten aus anderen Teilen Europas ein Bildungszentrum aufzubauen, das seinen Schwerpunkt auf das Studium der Heiligen Schrift legte.

Wenn ich einen Blick in diese frühe Kirchengeschichte Irlands werfe, dann fasziniert mich die Wertschätzung von Gottes Wort und die große Bedeutung, die der Bibel für das tägliche Leben beigemessen wurde. Die Mönche lebten jeden Tag mit der Heiligen Schrift, egal ob bei der Arbeit in der Natur oder in ihren Klöstern.

Durch die Bibel spricht der lebendige Gott selbst. Wir können sie zu jeder Zeit und an jedem Ort lesen oder einzelne Passagen in unserem Herzen tragen, die uns Mut machen für das, was vor uns liegt. Die Bibel ist heute noch genauso faszinierend und aktuell wie vor vielen hundert Jahren. Der Heilige Geist macht sie für uns immer wieder neu lebendig.

Etwas von dieser Lebendigkeit, Freude und Fülle der Heiligen Schrift versuchten die irischen Mönche durch die wunderschönen, fantasievollen und üppigen Bilder darzustellen, mit denen sie die Seiten vieler Handschriften schmückten. Auch die Würde und Heiligkeit von Gottes Wort haben sie in ihren Ornamenten und geschriebenen Buchstaben zum Ausdruck gebracht.

Durch Gottes Geist erleben wir, wie Menschen wie Matthäus, Johannes, Petrus oder Paulus durch die Jahrtausende zu uns reden von dem, was sie mit Gott erlebt haben – und es wird für uns so lebendig, als sei es gestern gewesen. Die Bibel ist ein absolutes Wunder. Und sie ist es wert, geliebt zu werden, denn in ihr sehen wir, wie Gott ist. Es würde Bände über Bände füllen, wenn man aufschreiben wollte, was Menschen zu allen Zeiten der Kirchengeschichte mit dem Wort Gottes erlebt haben. Ich möchte von meinen Brüdern und Schwestern, die mir im Glauben vorausgegangen sind, lernen, mich jeden Tag über Gottes Wort zu freuen und damit in lebendigem Dialog zu leben.

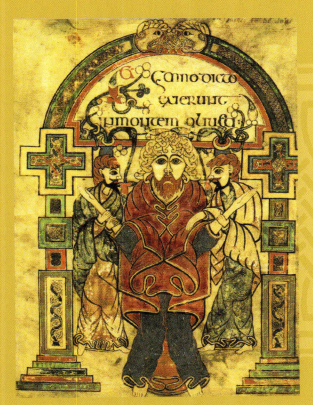

seite aus "the book of kelts"

Danke, Vater,
dass du uns nicht allein gelassen hast.
Du hast uns dein Wort geschenkt,
aufgeschrieben von Menschen,
die dich kannten und liebten
und von deinem Geist ergriffen waren.

Danke, Jesus,
dass du uns nicht allein gelassen hast.
Du hast uns den Tröster geschickt,
der uns lehrt, dich zu verstehen
und dir zu folgen.
Dein Heiliger Geist hilft uns,
die Bibel
in deinem Sinne zu verstehen
und zu leben.

Danke, Heiliger Geist,
dass du uns tröstest, ermutigst und ermahnst,
dass du uns Gottes Wort erschließt,
damit wir Lüge gegen Wahrheit,
Dunkelheit gegen Licht,
Verzweiflung gegen Hoffnung tauschen können.
Hilf uns, dass sein Wort
in unseren Herzen tiefe Wurzeln schlägt.

„Denn was zuvor geschrieben ist, das ist uns zur Lehre geschrieben, damit wir durch Geduld und den Trost der Schrift Hoffnung haben."
(Römer 15,4)

„Lasst das Wort Christi reichlich unter euch wohnen: Lehrt und ermahnt einander in aller Weisheit; mit Psalmen, Lobgesängen und geistlichen Liedern singt Gott dankbar in euren Herzen."
(Kolosser 3,16)

„Das Wort Gottes ist lebendig und kräftig und schärfer als jedes zweischneidige Schwert und dringt durch, bis es scheidet Seele und Geist, auch Mark und Bein, und ist ein Richter der Gedanken und Sinne des Herzens."
(Hebräer 4,12)

Not · My will · but Thine · be done

To the Glory of God · and in loving memory of · Henry McKay · erected by his widow

Das Heilige und das Alltägliche: grenzenlos leben

Die frühen Christen Irlands und insbesondere die Mönche haben es verstanden, ihren Glauben und ihren Alltag in Einklang zu bringen. Es gab keine Trennung zwischen dem „Heiligen" und dem „Alltäglichen".

Der Glaube durchdringt alles, so wie Gott alles durchdringt: Egal, ob es um die praktischen Dinge des täglichen Lebens wie arbeiten, Begegnungen, essen, trinken und schlafen geht – oder um den Gottesdienst, das Kopieren von Handschriften, das Lesen der Bibel, das Studieren von klassischer Literatur – oder das Erwerben von Fähigkeiten in Bereichen wie Kunst, Handwerk, Naturwissenschaften: Alles ist mit Gott verbunden und geschieht zur Ehre Gottes.

Die irischen Mönche hatten eine ganzheitliche Art, ihr Christsein zu leben. Der Glaube war relevant für alle Bereiche des Lebens und wurde überall und bei jeder Beschäftigung integriert. Christ war man nicht nur bei den Gebetszeiten, im Gottesdienst oder im Zusammensein mit anderen Christen, sondern jederzeit und überall – mit Körper, Emotionen, Seele, Geist und Verstand. Nur so war es ihnen auch möglich, einen bleibenden Eindruck auf Menschen zu hinterlassen, die Gott nicht kannten. Nur so war es überhaupt möglich, dass sie das Gesicht Europas im Mittelalter nachhaltig verändern konnten.

 *Sie brachten Licht, Wissen, Bildung und Glaube zurück in ein Europa, das von Dunkelheit, Unwissenheit und Aberglauben geprägt war. Es ging ihnen nicht allein darum, die Herzen der Menschen für den Glauben zu erwärmen, sondern eine ganze Gesellschaft zur Ehre Gottes zu verändern – durch Bildung, Wissen, das Fördern von Fähigkeiten und das Erlernen von Handwerken. Klöster wie das von Luxeuil in Frankreich oder die Abtei von St. Gallen in der Schweiz, Gründungen irischer Mönche, wurden zu Bildungszentren.*

Aber die Mönche blieben nicht nur in ihren neu gegründeten Klöstern. Sie kamen auf ihren Reisen mit Booten und zu Fuß, von Island bis nach Jerusalem, natürlich auch mit der ganz normalen Bevölkerung zusammen. Bei diesen Gelegenheiten, auf der Straße oder bei einem gemeinsamen Abendessen, erzählten sie von Gott und erklärten die gute Nachricht von Jesus Christus. Die Mönche überschritten nicht nur Landesgrenzen, sondern auch kulturelle und soziale Grenzen, wenn sie mit Menschen aus anderen Ländern und anderen Schichten, oft auch in deren eigener Sprache, von Gott redeten. So wird z.B. vom irischen Mönch Gallus, der sich um 612 n.Chr. in der Bodenseeregion niederließ, berichtet, er habe recht schnell die Sprache der Gegend erlernt. Gallus, der zwanzig Jahre zuvor als Weggefährte Columbans von Irland zum Kontinent aufgebrochen war, wurde zum Gründer eines der größten Bildungszentren im mittelalterlichen Europa, der Abtei von St. Gallen.

Die irischen Mönche wussten, dass sie eine Gesellschaft nur dann nachhaltig prägen und für Gott gewinnen konnten, wenn keine Trennung gemacht wurde zwischen Glauben und Alltag, Herz und Verstand, Seelenheil und körperlicher Gesundheit. Sie versuchten, die Menschen in ihrer Umwelt auf allen Ebenen ganzheitlich anzusprechen und zu fördern.

Ich wünsche mir, so grenzenlos leben zu können wie diese irischen Christen – in dem Sinn, dass ich meinen Glauben jederzeit und überall, in jeder Situation und Begegnung authentisch lebe, weil mein Glaube nicht etwas sein soll, was ich nur im Zusammensein mit anderen Christen oder im Gottesdienst hervorkrame – der aber ansonsten in meinem Leben, meinem Beruf, meinen Freundschaften nichts verloren hat. Es darf keine Trennung zwischen dem „Alltäglichen" und dem „Heiligen" geben. Denn Gott lebt in mir, und durch seine Gegenwart in mir gewinnt alles, was ich tue oder sage, eine neue Bedeutung. Ich möchte anderen, die Gott noch nicht kennen, nicht vermitteln: „Mein Glaube geht nur mich etwas an. Gott ist für meinen oder deinen Alltag nicht relevant."

Sondern ich wünsche mir, wie die irischen Christen damals in die Gesellschaft meiner Zeit hineinwirken und Menschen für Gott gewinnen zu können. Dabei möchte ich ihre persönliche Situation und Lebenswelt, ihre Nöte, Sorgen und Bedürfnisse nicht aus den Augen verlieren.

Wir haben einen Gott, der wie wir Mensch geworden ist und weiß, was das Menschsein ausmacht und mit sich bringt. Er möchte den ganzen Menschen heilen, mit Körper, Seele und Geist. Und er möchte unsere Kulturen und Gesellschaften mit seinem Licht und seiner Liebe durchdringen und erlösen. Dabei können wir ihm zur Seite stehen.

Gott,
du bist heilig,
du wohnst in einem Licht,
zu dem niemand kommen kann.

Und dennoch
zeigst du dich uns
als Bruder und Freund
in deinem Sohn Jesus Christus.

Er
hielt es nicht für ein
unentäußerliches Privileg,
dir gleich zu sein.

Mit ihm
kam deine Heiligkeit
in unsere Menschlichkeit herab.

Er
durchbrach die Grenze
zwischen Himmel und Erde,
um uns grenzenlos zu lieben
und nahe zu sein.

Herr,
hilf uns,
jeden Moment
im Bewusstsein deiner Gegenwart
zu leben –
heilig,
berufen,
zielbewusst
und dabei den Menschen
und unserer Welt so nahe ...
weil du sie liebst
und durchdringen willst.

Hilf uns,
deine Boten zu sein,
Botschafter des Heiligen
mitten im Alltag der Welt.

„Alles, was Gott geschaffen hat, ist gut, und nichts ist verwerflich,
was mit Danksagung empfangen wird; denn es wird geheiligt
durch das Wort Gottes und Gebet."
(1. Timotheus 4,4-5)

„Ihr aber seid das auserwählte Geschlecht, die königliche Priesterschaft,
das heilige Volk, das Volk des Eigentums,
dass ihr verkündigen sollt die Wohltaten dessen,
der euch berufen hat von der Finsternis zu seinem wunderbaren Licht."
(1. Petrus 2,9)

Register der wichtigsten Personen *(in der Reihenfolge ihres Erscheinens im Buch)*:

▶ Sukkat / Patrick

Geboren in Britannien um 390 n.Chr. mit dem keltischen Namen Sukkat. Im Alter von 16 Jahren wird er von irischen Kriegern gefangen genommen und nach Irland verschleppt. Dort lebt er lange Jahre als Sklave eines irischen Kleinkönigs. Nach sechs Jahren gelingt ihm die Flucht. Um das Jahr 432 n.Chr. kehrt er als Missionsbischof Patrick nach Irland zurück. Er durchreist Irland, predigt und gründet Kirchen. Viele Iren kommen durch ihn zum Glauben, und das Gesicht Irlands verändert sich für immer. Patrick stirbt 493 n.Chr. im Alter von 103 Jahren.

Noch heute ist die nationale Identität auf ganz positive und intensive Weise mit dem heiligen Patrick verknüpft. Der größte Feiertag Irlands ist der Todestag Patricks, der am 17. März begangen wird.

▶ Columcille / Columba

Geboren 521 n.Chr. in der Grafschaft Donegal, Irland. Columcille stammt aus königlichem Geschlecht, entscheidet sich aber für ein einfaches Leben als Mönch und gründet viele Klöster. 563 n.Chr. verlässt er Irland. Vor der Küste Schottlands, auf der Insel Iona, gründet er eine neue Mönchsgemeinschaft. Von dort aus evangelisieren Columcille und seine Freunde nach und nach Nordengland und Schottland bis zu den Äußeren Hebriden. Er stirbt 597 n.Chr.

▶ Franziskus

Geboren 1181 in Assisi. Franziskus fühlt sich um des Evangeliums willen zu einem Leben in Armut und Einfachheit berufen und verlässt sein reiches Elternhaus. Er pflegt Kranke, baut zerfallene Kapellen in der Umgebung von Assisi wieder auf und predigt. Nach und nach sammeln sich Gleichgesinnte um ihn. 1210 wird die Gemeinschaft um Franziskus vom Papst anerkannt. Franziskus wird zum Gründer des „Ordens der Minderbrüder", des späteren ersten Ordens der Franziskaner. 1219 macht er sich auf den Weg nach Ägypten und predigt dort Sultan el Malik el Kamil das Evangelium. Von dort zieht er weiter ins Heilige Land, wo er bis 1220 bleibt. Er hat ein großes Herz für Menschen, aber auch für Tiere. „Meine Geschwister" nennt er sie und segnet sie mit dem Zeichen des Kreuzes.

▶ Adamnan

Geboren um 624 n.Chr. in Drumhome in der Grafschaft Donegal, Irland. Im Jahr 650 n.Chr. wird er zunächst Novize im Kloster Iona, 679 n.Chr. dann Abt in der Nachfolge von Columcille. Adamnan schreibt eine Biografie Columcilles. Er stirbt im Jahr 704 n.Chr. auf Iona.

►Brendan

Geboren um 484 n.Chr. in der Grafschaft Kerry, Irland, auch „Brendan der Navigator" genannt. Brendan verbreitet den christlichen Glauben und gründet Klöster. Er segelt noch im Alter von 80 Jahren zusammen mit einigen Gefährten in einem einfachen Boot nach Island, Grönland und bis nach Nordamerika. In der „Navigatio Santi Brendani Abatis" („Die Reise des Heiligen Abtes Brendan") wird beschrieben, wie ihm auf der Reise Wale begegnen, die freundlich mit seinem Boot Kontakt aufnehmen. Brendan und seine Gefährten umschiffen „Kristalle, die in den Himmel reichen" (Eisberge) und machen Bekanntschaft mit den Vulkanen Islands. Im Norden Amerikas wurden in Fels geritzte christliche irische Inschriften gefunden, die auf einen Zeitraum von 500-1000 n.Chr. datiert werden. Es ist gut möglich, dass sie von irischen Missionaren stammen, die in der Nachfolge des heiligen Brendan ebenfalls bis nach Nordamerika gelangten, lange bevor Kolumbus die neue Welt für sich entdeckte. Brendan selbst stirbt 577 n.Chr.

►Brigid von Kildare

Geboren 451 oder 452 n.Chr. in der Grafschaft Lough. Ihre Mutter ist eine christliche Sklavin. Ihr Vater, Dubhthach, ist ein irisches Stammesoberhaupt in Leinster. Er verkauft die Mutter Brigids kurz nach der Geburt des kleinen Mädchens an einen Druiden. Trotz vieler Heiratsinteressenten wird Brigid Nonne. Unter einem großen Eichenbaum gründet sie eine klösterliche Gemeinschaft, genannt „Cill-Dara" („Kirche der Eiche"), heute Kildare. Die zunächst noch kleine Gemeinschaft entwickelt sich nach und nach zu einem Frauen- und Männerkloster sowie zu einem großen Zentrum der christlichen Gelehrsamkeit und Kunst. Das „Book of Kildare", eine reich verzierte Evangelienhandschrift, entsteht im Skriptorium von Kildare. Es ist seit der Reformation verschwunden.

Brigid stirbt 525 n.Chr. in Kildare. Ihr Grab befindet sich zunächst in der dortigen Kathedrale. Später werden ihre sterblichen Überreste zusammen mit den Gebeinen von Patrick und Columcille in der Kathedrale von Downpatrick bestattet.

Brigid war eine der bemerkenswertesten Frauen im Irland des 5. Jahrhunderts und in der irischen Kirchengeschichte überhaupt. Ihr Name lebt weiter in vielen Ortsnamen Irlands und in vielen irischen Mädchen und Frauen, die nach der großen Patronin benannt sind.

►Ita

Geboren in Irland um 470 n.Chr. als Kind einflussreicher christlicher Eltern. Ihr eigentlicher Name ist Deirdre, doch wird sie unter ihrem Spitznamen „Ita" bekannt, der sich aus dem irischen Wort für „Durst" herleitet.

Ihr Wunsch, ihr Leben ganz Gott zu weihen, wird von ihrem Vater abgelehnt. Ita geht daraufhin zu einem ihr vertrauten Priester und legt öffentlich ein Gelübde ab. Sie verlässt ihr Elternhaus und damit alle Annehmlichkeiten. Zusammen mit einigen Gefährtinnen gründet sie eine klösterliche Gemeinschaft in Cluain Creadhail, heute Killeedy in der Grafschaft Limerick. Ihre Schwester Fiona wird ebenfalls Mitglied der neu gegründeten Gemeinschaft. Anders als Brigid bleibt Ita ihr Leben lang in diesem Konvent. Ihre Stärke liegt darin, eine Mentorin für junge Menschen zu werden und sie im christlichen Glauben zu unterweisen. Ihr Konvent wird berühmt als Schule für kleine Jungen. Viele, die durch Itas Schule gehen, werden später bekannte Kirchenleute – einer von ihnen ist Brendan der Navigator. Zeitlebens bleibt Ita für ihn eine Mentorin, die seinen Weg geistlich begleitet. Aber Ita ist nicht nur eine gute Mentorin, sondern besitzt auch eine besondere Heilungsgabe. Sie stirbt 570 n.Chr. in Killeedy.

▶ Johannes, der Apostel

Sein Vater heißt Zebedäus. Seine Mutter, Salome, ist eine Schwester von Maria, der Mutter Jesu. Zusammen mit seinem Bruder Jakobus und seinem Vater arbeitet er als Fischer, bis er sich Jesus anschließt. Er wird einer der Freunde und Jünger, die Jesus am nächsten stehen. Er ist es wohl, der beim letzten Abendmahl ganz nah an der Brust von Jesus liegt. Er ist es, der auf Golgatha unter dem Kreuz von Jesus steht und trauert, und Jesus gibt seine geliebte Mutter Maria in seine Obhut. Johannes ist es wohl auch, der als Erster den auferstandenen Jesus wiedererkennt, der den Jüngern am See Genezareth erscheint. Er ist der Autor des Johannes-Evangeliums, der Johannes-Briefe und der Offenbarung. In seinem Evangelium berichtet er über das Leben und die Lehren von Jesus, um damit andere zum Glauben an Jesus als den Messias zu führen. Johannes wird Leiter der Gemeinde in Ephesus und stirbt im hohen Alter am Ende des 1. Jahrhunderts nach Christus.

▶ Paulus, der Apostel

Paulus wird in Tarsus in Kleinasien als Sohn einflussreicher jüdischer Eltern geboren. Von seinem Vater erbt er das römische Bürgerrecht, ein großes Privileg in der damaligen Zeit. Er studiert bei dem berühmten jüdischen Rabbiner Gamaliel in Jerusalem und wird selbst ein Schriftgelehrter. Er verfolgt die junge christliche Gemeinde, weil er sie für Häretiker hält. Er glaubt, Gott damit einen Gefallen zu tun. Doch dann begegnet ihm der auferstandene Jesus selbst auf der Straße nach Damaskus, und von da an beginnt für Paulus ein neues Leben. Er setzt sich nun mit ganzem Herzen für die Verbreitung des Evangeliums ein. Er gründet Gemeinden in der heutigen Türkei und in Griechenland. Um das Jahr 60 n.Chr. herum verbringt er einige Jahre in Gefangenschaft in Rom. Wahrscheinlich findet er bei einer der in den darauffolgenden Jahren stattfindenden Christenverfolgungen unter Kaiser Nero den Tod.

▶ Antonius

Geboren in Ägypten um die Mitte des 3. Jahrhunderts als Sohn reicher Eltern. Als er zwanzig Jahre alt ist, sterben seine Eltern und hinterlassen ihm ihr gesamtes Vermögen. Antonius' großes Vorbild sind die Apostel und frühen Christen. Er trennt sich von seinem Erbe, um ganz asketisch und einfach zu leben. Er besucht andere fromme Eremiten. Ungefähr fünfzehn Jahre lebt er in einer Grabanlage unweit seines Heimatdorfes. Daraufhin zieht er sich noch weiter in die Einsamkeit auf einen Berg zurück und schließt sich dort in eine alte Festung ein. Zwanzig Jahre lang bekommt er keinen einzigen Menschen zu Gesicht, wird aber von den Leuten der Umgebung versorgt, die ihm Essen über die Mauern werfen. Nach und nach siedeln sich andere Eremiten in der Umgebung an, die sich Antonius zum Vorbild nehmen. Auf ihre wiederholten Bitten hin kommt Antonius aus seiner selbst gewählten Einsamkeit heraus und unterrichtet und organisiert die große Kolonie von Asketen, die um seinen Berg herum entstanden ist. Nach einigen Jahren zieht er sich wieder in die Einsamkeit der ägyptischen Wüste zurück, doch er empfängt von nun an Pilger und Ratsuchende. Zweimal in seinem Leben besucht er Alexandria, um dort seine Mitchristen während der Verfolgung 311 n.Chr. zu stärken und später gegen falsche Lehren innerhalb der Gemeinde vorzugehen. Antonius stirbt um 356 n.Chr. im Alter von 105 Jahren.

▶ Ninian

Bischof Ninian predigt gegen Ende des 4. Jahrhunderts unter den südlichen Pikten in Schottland. Er führt viele zum Glauben. Im Südwesten Schottlands baut er eine Kirche aus Stein, eine Neuheit in dieser Gegend. Vermutlich wegen ihrer hellen Farbe wird sie „Candida Casa" genannt. Um die Kirche (im heutigen Whithorn) entwickelt sich ein Kloster und Zentrum der Gelehrsamkeit. In den folgenden Jahrhunderten werden hier viele Missionare ausgebildet, die ganz Schottland den christlichen Glauben bringen. Nach seinem Tod um das Jahr 432 n.Chr. herum wird Ninian in seiner Kirche beigesetzt.

▶ Aidan

Mönch auf dem Inselkloster Iona um 630 n.Chr. Im Jahr 635 n.Chr. wird er zum Gründer und Bischof des Klosters Lindisfarne an der Ostküste Englands. Er freundet sich mit König Oswald von Northumbrien an, der ihm dabei hilft, den Nordosten Englands mit dem Evangelium zu erreichen. Vom Kloster Lindisfarne aus werden viele neue Klöster in England gegründet und der christliche Glaube verbreitet. Aidan stirbt im August des Jahres 651 n.Chr.

▶ Cuthbert

Geboren 635 n.Chr. in England. Als Kind hütet er Schafe in der Nähe eines Klosters namens Mailros (Melrose) und ist fasziniert von der dortigen Gemeinschaft. Er verbringt einige Zeit als Soldat und tritt später in das Kloster ein. Er beeindruckt durch seine geistliche Reife und Freude am Lernen. Er ist ein Mann des Gebets, und so manches Wunder wird ihm zugeschrieben. Er wird als Prior in das Kloster Lindisfarne gerufen, wo seine große Gabe, Menschen zu Gott zu führen, sichtbar wird. Er wird schließlich

Bischof von Lindisfarne. Gegen Ende seines Lebens zieht er sich auf eine Insel in die Einsamkeit zurück. Er stirbt 687 n.Chr. und wird im Kloster Lindisfarne beerdigt.

▶ Illtyd

Lebt im späten 5. und beginnenden 6. Jahrhundert n.Chr. In Wales gründet er ein Kloster in Llantwit Major, das zu einem Ausbildungszentrum für Mönche wird.

▶ Samson

Geboren im Süden von Wales, wird er schon als Kind von seinen Eltern Gott geweiht und in die Obhut von Illtyd gegeben. In dessen Kloster in Llantwit Major wächst er auf. Er ist sehr begabt, wird zum Priester geweiht und wechselt in ein anderes Kloster. Dort wird er einige Jahre später Abt. Mit einigen irischen Mönchen geht er nach Irland, um dort noch mehr zu lernen. Nach einiger Zeit kehrt er nach Wales zurück und erregt durch seine Gabe, Wunder zu wirken, viel Aufmerksamkeit. Schließlich zieht er sich in die Einsamkeit zurück. Später gründet er in Dol ein Kloster. Samson stirbt um das Jahr 565 n.Chr. als Bischof von Dol.

▶ Columban

Geboren 543 n.Chr. in Irland. Er erhält eine klösterliche Erziehung und geht später in das Kloster Bangor im Norden Irlands. Dort lebt und unterrichtet er dreißig Jahre lang. Vom Gründer des Klostes, dem heiligen Comgall, erhält er schließlich die Erlaubnis, das Evangelium auf dem Kontinent zu verbreiten. Um das Jahr 585 n.Chr. macht er sich mit zwölf Freunden auf den Weg nach Gallien, dessen ziviles und religiöses Leben durch heidnische Invasionen am Boden liegt. Dort gründet er mehrere Klöster, die bedeutendsten bei Annegray, Luxueil und Fontaines. Von diesen drei Klöstern gehen in der Folgezeit über 200 Neugründungen aus. Columban wird aus Burgund verbannt, als er die unmoralische Lebensführung eines merowingischen Königs kritisiert. Er überquert die Alpen und gründet ein neues Kloster in Bobbio in Italien. Durch sein Leben und seine Lehren trägt er maßgeblich dazu bei, das christliche religiöse Leben auf dem Kontinent wieder neu zu beleben. Er stirbt 615 n.Chr. in Bobbio.

▶ Gallus

Geboren um 550 n.Chr. in Irland. Er wird von seinen Eltern ins Kloster Bangor zur Ausbildung gegeben und auch dort von Columban zum Priester geweiht. Zusammen mit Columban geht er um 585 n.Chr. auf den europäischen Kontinent und kommt bis in die Gegend der heutigen Schweiz.

Er kämpft dort zunächst zusammen mit Columban gegen die Verehrung von heidnischen Göttern. Während Columban nach einigen Jahren nach Norditalien weiterzieht, lässt sich Gallus um das Jahr 612 n.Chr. in einer Einsiedelei am Bodensee nieder.

Er beeindruckt die dort ansässigen Alemannen nicht nur durch seine Hingabe an Gott, sondern auch durch seine Liebe zu den Menschen und zur Natur. Er versucht, die Sprachen der Region zu lernen, um den Menschen die gute Botschaft in ihrer Sprache nahe bringen zu können. Gallus ist an den Wissenschaften interessiert und sammelt nach und nach einige Jünger und Gefährten um sich. Aus der Einsiedelei des Gallus entsteht nach seinem Tod (um 640 n.Chr.) schließlich das Kloster St.Gallen, eines der größten Bildungszentren im mittelalterlichen Europa.

▶ Virgil / Virgilius

Geboren um 700 n.Chr. in Irland als Kind adliger Eltern. Nach seiner Ausbildung verlässt er Irland, um auf dem Festland den christlichen Glauben weiter zu verbreiten und zu festigen. Nach einigen Jahren bittet man ihn, nach Salzburg zu kommen. Dort wird er Abt und schließlich, 755 n.Chr., sogar Bischof. Er ist ein sehr gelehrter Mann und wirkt weit über Salzburg hinaus. Er stirbt im Jahr 784 n.Chr.

▶ Cathal / Cathaldus / Cahill

Geboren im Süden Irlands. Details aus seinem Leben sind kaum bekannt, da er wahrscheinlich sehr früh aus Irland wegging. Er reist durch Südeuropa und pilgert sogar bis ins Heilige Land. Auf seinem Rückweg wird er mit seinen Gefährten vor Tarent in Süditalien schiffbrüchig. Die Einwohner von Tarent waren wieder in heidnische Vorstellungen zurückgefallen, und so entscheidet sich Cathal, zu bleiben und das Evangelium in Wort und Tat zu verkünden. Die Tarentiner sind von seiner Predigt und den Wundern, die durch ihn geschehen, so beeindruckt, dass sie seiner Botschaft Glauben schenken.

Das Grab von Cathal wird noch im Jahr 1110 unversehrt in der Kathedrale von Tarent aufgefunden. Bis auf den heutigen Tag wird er dort als San Cataldo verehrt.

▶ Sankt Chrodoara

In Amay in Belgien wurde ein mit keltischen Ornamenten versehener Sarg aus dem 7. Jahrhundert gefunden, auf dem eine Frau mit dem Namen „Sankt Chrodoara" abgebildet ist. Sie trägt einen Krummstab in ihren Händen, was daraufhin deutet, dass sie in ihrer Gemeinde als Frau mit großer geistlicher Autorität gesehen wurde. Wahrscheinlich war sie sogar Äbtissin.

▶ Matthäus, der Apostel

Matthäus, auch Levi genannt, ist Zolleinnehmer im Dienst der Römer. Deswegen wird er von seinen jüdischen Landsleuten verachtet. Jesus ruft ihn mitten aus seinem Dienst und seinem alten Leben fort, und Matthäus geht ohne zu zögern mit ihm. Er wird zum Verfasser des Matthäus-Evangeliums. Darin wendet er sich besonders an sein eigenes Volk, dem er zum Verständnis dafür helfen möchte, wie die hebräischen Schriften auf Jesus als den Messias hinweisen.

▶ Petrus, der Apostel

Petrus kommt aus Betsaida. Er ist in Kapernaum verheiratet und wohnt dort im Haus seiner Schwiegermutter. Zusammen mit seinem Bruder Andreas geht auch er, wie schon sein Vater, dem Fischfang nach. Am See Genezareth wird er von Jesus in die Nachfolge gerufen. Neben Johannes gehört Petrus zu den Freunden, die Jesus besonders nahe stehen. Trotz seines wiederholten Versagens wird er von Jesus zum Leiter der jungen Gemeinde gerufen. Petrus wird zu einem mutigen Verkündiger der guten Botschaft in Jerusalem und weit darüber hinaus. Er kommt auf seinen Reisen bis nach Rom und verfasst die Petrusbriefe. Vermutlich stirbt Petrus den Märtyrertod, der schon im Evangelium des Johannes angedeutet ist.

Von Steffi Baltes ist in unserem Verlag außerdem erschienen:

Steffi Baltes
Gebet für das Heilige Land
ISBN 3-86122-670-7
80 Seiten, Taschenbuch

Fast täglich ist es präsent in den Medien – das Heilige Land und seine Menschen. Wir fühlen uns bestens informiert und stehen dennoch sprachlos vor den Problemen dieses Landes. Wie können wir beten für die Betroffenen? Hier sind 21 praktische und konkrete Gebete, die unserer Sprachlosigkeit Abhilfe leisten. Eine kurze Einleitung zu jedem Gebet erschließt uns die jeweilige Situation der Menschen. Es ist ein handliches Taschenbuch, das zum Mitbeten und Weiterbeten, zum regelmäßigen Gebet allein oder in einem Gebetskreis einlädt. Die Schwarz-Weiß-Fotos nehmen uns hinein in die Welt des Heiligen Landes und verleihen dem Buch einen ganz besonderen Geschenk-Charakter.

„Ich empfehle dieses Buch jedem, der sich für Israel interessiert, der nach Israel reist. Das Land und seine Menschen brauchen Gebet. Beten Sie mit!" Elke Werner

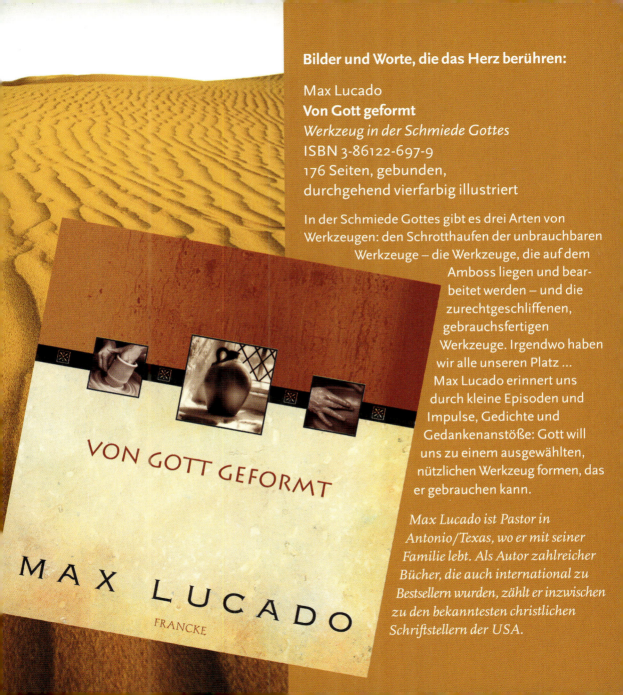

Bilder und Worte, die das Herz berühren:

Max Lucado
Von Gott geformt
Werkzeug in der Schmiede Gottes
ISBN 3-86122-697-9
176 Seiten, gebunden,
durchgehend vierfarbig illustriert

In der Schmiede Gottes gibt es drei Arten von Werkzeugen: den Schrotthaufen der unbrauchbaren Werkzeuge – die Werkzeuge, die auf dem Amboss liegen und bearbeitet werden – und die zurechtgeschliffenen, gebrauchsfertigen Werkzeuge. Irgendwo haben wir alle unseren Platz ... Max Lucado erinnert uns durch kleine Episoden und Impulse, Gedichte und Gedankenanstöße: Gott will uns zu einem ausgewählten, nützlichen Werkzeug formen, das er gebrauchen kann.

Max Lucado ist Pastor in Antonio/Texas, wo er mit seiner Familie lebt. Als Autor zahlreicher Bücher, die auch international zu Bestsellern wurden, zählt er inzwischen zu den bekanntesten christlichen Schriftstellern der USA.